CÓMO ADIESTRAR A TU PERRO

TÉCNICAS SENCILLAS Y EFECTIVAS SIN CASTIGOS NI MALTRATOS

**Diego Krzychowiec
& Juan Busquets**

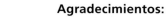

Agradecimientos:

A Natalia Fernandez y a "Ruby Superstar".
A Lourdes Quiriquino y a su perra "Inca".
A Juan Pablo Chalela y su perro "Bruno"
por su colaboración para las fotos del libro.
A Mauro Ferrantelli,
por el entusiasmo y la confianza depositada en este proyecto.

CÓMO ADIESTRAR A TU PERRO

es editado por
EDICIONES LEA S.A.
Av. Dorrego 330 C1414CJQ
Ciudad de Buenos Aires, Argentina.
E-mail: info@edicioneslea.com
Web: www.edicioneslea.com

ISBN 978-987-718-119-7

Para contactarse con los autores:
drkadiestrador@hotmail.com
juanbusquets2005@hotmail.com

Primera edición. Julio de 2014.
Impreso en Argentina. Gráfica Offset.

Busquets, Juan Carlos
    Cómo adiestrar a tu perro : técnicas sencillas y efectivas sin castigos
ni maltratos / Juan Carlos Busquets y Diego Krzychowiec. - 1a ed. -
Ciudad Autónoma de Buenos Aires : Ediciones Lea, 2014.
    64 p. ; 24x17 cm. - (Libro práctico; 1)

    ISBN 978-987-718-119-7

    1. Adistramiento. 2. Perros. I. Krzychowiec, Diego II. Título
CDD 636.7

UN POCO DE HISTORIA
(pasado y presente del adiestramiento)

Más de 12.000 años de convivencia unen al hombre con el perro. Durante este tiempo se ha formado un lazo social muy estrecho entre ambos y, en cierta medida, el perro depende del hombre para sobrevivir. Esto trae aparejado una serie de responsabilidades, dentro de las cuales se encuentra el hecho de velar por su bienestar físico y mental.

Son numerosos los trabajos que el perro ha realizado para ayudar al hombre a los largo de su historia. En el mundo de hoy, estas tareas fueron relegadas a causa de la tecnología. Por esta razón, es el hombre quien tiene que ocuparse de que su perro lleve a cabo otras tareas en sustitución de aquella perdidas. También facilitarle ejercicio adecuado y actividades que conlleven el contacto con personas y otros perros.

Las actuales condiciones de domesticidad han hecho estragos en la conducta de los perros. Es que debe trabajar de acuerdo a sus habilidades y capacidades. Las actividades de entretenimiento deben tener en cuenta su capacidad de aprendizaje y su predisposición al trabajo.

Los perros que no son suficientemente estimulados pueden causar problemas en la sociedad en la que viven.

Una persona que entrena a su perro debe hacerlo procurando, siempre, lograr una armonía entre ambos, sin sojuzgar su naturaleza. Debemos transmitirle al perro lo que queremos de él en un lenguaje que pueda entender. Para lograr esta armonía, es necesario e importante comprenderlo, ya que sería pretender demasiado que él nos comprenda a nosotros. El hombre debe estudiar cuidadosamente las capacidades de su perro para, de esta manera, no exigir comportamientos que éste no está capacitado para realizar, exigencia que, por otra parte, está reñida con los principios éticos.

Criar y entrenar adecuadamente a nuestro perro es una obligación moral del hombre y los métodos utilizados para ello tienen que basarse en las ciencias del comportamiento y, especialmente, en el respeto.

Durante décadas, el adiestramiento de los perros estuvo basado solamente en ejercer presión sobre ellos para lograr obediencia. Estos métodos coercitivos aún siguen en vigencia, principalmente debido a que han permitido a un gran número de propietarios obtener resultados. Esto es posible los perros son una especie relativamente fácil de adiestrar y poseen una gran tolerancia al castigo.

Lamentablemente, todavía hay muchos adiestradores que no han progresado con los tiempos y siguen aplicando esos métodos. Son los que continúan dándoles a los asistentes a sus clases una serie de reglas, que imponen un régimen muy estricto a sus perros, lo que es totalmente innecesario.

La idea de imponerse por la fuerza está tan arraigada dentro de los métodos de adiestramiento que, hasta no hace mucho tiempo atrás, hemos cerrado nuestros ojos (y lo que es más importante, nuestra mente) a cualquier otra posibilidad de enfocar el adiestramiento.

Este tipo de adiestramiento es imposible de realizar con otras especies como, por ejemplo, los mamíferos marinos, que no son capaces de tolerar los abusos a los que son sometidos los perros. Los adiestradores de delfines no pueden utilizar collares de ahorque ni correas, mucho menos un puño contra un animal que, simplemente, huye nadando ante cualquier tipo de presión.

De más está decir que estos métodos no generan buenas emociones. La asociación que se produce entre el trabajo y el castigo da como resultado un perro apático y desesperanzado: la obediencia es un obstáculo entre él y lo que desea.

Existe una generalizada resistencia a utilizar las ciencias del comportamiento aplicadas al adiestramiento. Las razones son varias, pero la principal es que es bastante complicado decodificar y traducir toda esa información sobre ratas y palomas en ambientes totalmente controlados, y aplicarlas a los perros (tarea que intentaremos realizar en este libro).

Paradójicamente, toda la información necesaria para adiestrarlos generando buenas emociones está disponible en cualquier biblioteca desde hace más de cincuenta años.

En la actualidad, más y más adiestradores están aplicando técnicas en positivo, métodos con reforzadores como comida, y juegos como premio al perro por hacer las cosas bien. Estos métodos no tratan de dominarlo sino que están más relacionados con crear una relación de armonía entre el dueño y el animal, en la cual la experiencia del aprendizaje es divertida para ambos, dando como resultado un adiestramiento más efectivo y duradero, y un perro feliz.

El adiestramiento por medio de refuerzos positivos, es una excelente herramienta para lograr la obediencia de nuestros perros con el mínimo desgaste posible para ambas partes. Además de generar buenas emociones, es divertido para ambos y genera una comunicación mucho más fluida: la obediencia dejará de ser un obstáculo para transformarse en un medio para obtener lo que el perro desea.

CAPÍTULO I

LO QUE VIENE CON EL PERRO

(Conductas genéticamente programadas)

Este capítulo está especialmente dedicado a las personas que todavía no tienen un perro y que están pensando en tenerlo.

Sería muy bueno que sepan que, al adquirirlo, están comprando el paquete completo: por un lado un compañero genial y fuente de grandes satisfacciones y, por otro, una gran cantidad de comportamientos genéticamente programados, que pueden producir un sinnúmero de "problemas de conducta".

Tenemos que tener en cuenta que lo que la mayoría de la gente entiende por "problemas de conducta" son, en realidad, conductas total y absolutamente normales. Pero son, eso sí, indeseables desde el punto de vista humano, pero no por eso dejan de ser normales.

Es importante conocer y respetar estos comportamientos naturales, si no se puede o no se quiere atender las necesidades básicas de comportamiento de un perro, entonces sería conveniente no adquirir uno. Ha dejado de ser aceptable reprimir su comportamiento natural por medio del castigo.

Veamos ahora algunas de las conductas genéticamente programadas en la mayoría de los perros domésticos:

1. **Absolutamente todo lo que caiga en su boca será considerado algo bueno para mordisquear.** No tienen conciencia de artesanías apreciadas, alfombras caras, cortinas espectaculares, muebles invaluables por su antigüedad o reliquias familiares.

   Durante mucho tiempo se consideró que, cuando los perros domésticos mordisqueaban, lo hacían por dos razones: el cambio de dientes o porque es un neurótico.

   Ahora sabemos que no es así. Mordisquear es un pasatiempo muy normal. Por un lado es divertido para el perro y, por otro, mantiene la dentadura en excelentes condiciones.

   Nos encantaría que nuestro perro fuese capaz de distinguir entre los objetos que está permitido para mordisquear y el resto de los objetos de nuestra casa, es decir, el resto del universo. Esta discriminación es obvia para los humanos pero no lo es tanto para ellos. Importante: los perros no tienen el concepto de cosas "valiosas", sólo tienen el concepto de si sirve o no como objeto masticable.

2. **Los perros carecen de moral.** Son incapaces de distinguir lo bueno de lo malo, distinguen sólo lo que es seguro para ellos de lo que es peligroso. Tampoco les importa demasiado lo que los humanos opinen de sus actos, a menos que esa opinión tenga alguna consecuencia directa para ellos.

3. **Los perros actúan por puro interés personal;** es decir que son egoístas al máximo y de la forma más inocente.

4. **Son depredadores.** Esto trae como consecuencia que tengan muy arraigadas en su comportamiento conductas relacionadas con la cacería: buscar, perseguir, agarrar y sujetar, diseccionar y masticar.

   Este punto es de vital importancia ya que el grueso de los comportamientos de los perros se debe a su esencia depredadora. No son exclusivamente carnívoros, pueden comer y digerir muchos tipos de vegetales y, también, son grandes carroñeros. Hay una razón importante por la cual las ovejas y las jirafas no persiguen en forma refleja cualquier objeto pequeño que se mueva velozmente y los perros sí. Todos los comportamientos relacionados con la adquisición de comida están fuertemente arraigados en los perros domésticos. Los siglos de domesticidad y de cría selectiva no han logrado eliminar de sus genes el comportamiento predatorio.

   La secuencia de conductas predatorias genéticamente programadas más comunes en los perros es la siguiente:

   - Buscar (principalmente con el olfato).

   - Acechar (acercarse a la presa lo más posible).

   - Abalanzarse (saltar sobre la presa, que probablemente huirá).

   - Perseguir.

   - Morder, sujetar, zarandear, matar (a la presa).

   - Diseccionar y comer (a la presa).

   En condiciones naturales existe, una relativa escasez de alimentos, por ello los carnívoros sociales como los perros tienen que vigilar sus pertenencias.

   Para completar en forma natural esta secuencia se requiere un gasto de energía enorme, razón por la cual se aseguran de no perder el pedazo de carne que tanto esfuerzo les costó conseguir, de ahí la marcada tendencia que poseen a proteger sus recursos (comedero, etc.).

   Es un comportamiento instintivo: independientemente de cuanta comida se le suministre, su disposición genética le indica que vigile los recursos, por eso vigila el alimento.

5. **Son extremadamente sociales.** Tanto los perros como los humanos establecen fuertes lazos sociales. En esto nos parecemos, pero los perros van un poco más

allá. Como son predadores (ver el punto anterior), sociales y crían a los jóvenes, están muy motivados a permanecer con su grupo social en todo momento. Por eso toleran muy mal el aislamiento.

La separación de los miembros de la manada normalmente va seguida de una serie de comportamientos que ayudan a volver a reunirse: una inquietud manifiesta, alguna actividad exploratoria y vocalizaciones de ansiedad y estrés (ladridos y aullidos). Si existen barreras físicas que provoquen este aislamiento, rascan, escarban, hacen pozos y mordisquean cerca de las salidas. Todos estos comportamientos, en un contexto doméstico, se traducen en los habituales "problemas de comportamiento" que se dan cuando el dueño está ausente. Muchos perros que exageran comportamientos como mordisquear, están mostrando que se encuentran socialmente aislados.

Las condiciones que impone la vida moderna a los dueños, hacen que tengan que pasar mucho tiempo solos todos los días. Ya que esto va en contra de su predisposición genética, es poco probable que naturalmente el perro lo acepte, por lo que hay que tomar medidas para que tolere quedarse solo.

6. **Tienen un muy breve periodo de socialización.** La exposición a los elementos del entorno da como resultado la habituación o amoldamiento, a esto se lo denomina "socialización".

Aumentar la distancia con cualquier objeto inusual y, a continuación, proceder a aproximarse con extrema cautela es típico en un contexto natural. Esto se debe a que lo que desconocemos suele ser sinónimo de malas noticias. En los perros, la curiosidad suele ser antagónica al miedo y, normalmente, está menos pronunciada. La exploración de lo desconocido puede producir beneficios (sobre todo en el caso de los depredadores) pero una excesiva curiosidad podría terminar con la exposición al peligro. Para los perros, evitar lo novedoso es un comportamiento totalmente natural. Sin embargo, resultaría muy costoso en energía que se asustaran de los árboles, el viento, las piedras… y es por ello que existe este mecanismo que garantiza que se habitúe a las características normales de su entorno. Este es el período de socialización, un tiempo determinado en el que los animales jóvenes tienen menos miedo, son menos temerosos de lo novedoso, tienden a acercarse más fácilmente a un nuevo objeto para examinarlo. No obstante, la ventana de la socialización no permanece abierta eternamente. Todas las especies (incluyéndonos) han adquirido, mediante la selección natural, un espacio de tiempo limitado para asimilar y aceptar lo que les rodea. Luego de este periodo aumentarán, con su comportamiento, la distancia con cualquier realidad a la que no hayan sido habituados usando los mecanismos de huida o agresión.

En el perro doméstico la ventana de la socialización se cierra entre los tres y los cinco meses dependiendo de la raza y de cada individuo en particular. Normalmente la "habituación" fácil empieza a agotarse en torno a los cuatro meses. Si un cachorro no recibe suficiente exposición a, por ejemplo, personas de talla grande antes de que el reloj de la socialización se detenga, aumenta el riesgo de que cuando sea adulto se asuste y sea agresivo con este tipo de personas. Esto es de vital importancia, ya que los perros son expertos en la discriminación y una buena socialización con mujeres y niños de seis años no garantiza una generalización a los hombres y a niños de dos años. Antes de que la socialización termine, la mayor cantidad de gente posible debe tener contacto con el cachorro, sobre todo en terminos de grupos de edades, sexo, constitución, color, forma de andar. Las experiencias deben ser positivas (juegos, premios, nada que los pueda asustar) e incluir muchas caricias, contacto físico y actividad humana. También se debe habituar al cachorro a cualquier otra cosa que pueda presentarse en el futuro como, por ejemplo, paseos en auto, chequeos veterinarios, gatos, otros perros, tráfico, partidos de futbol, ascensores, y una larga lista de etcéteras.

7.   Son oportunistas y grandes carroñeros. Cualquier elemento orgánico olvidado sobre la mesa o caído al suelo es comestible... ¡y si es comestible, lo quiero ya!

8.   Resuelven conflictos a través de rituales de agresión. Cuantas más armas naturales posea un animal, más desarrollados tendrá sus frenos inhibitorios para dañar a un congénere. Los perros están físicamente capacitados para dejar lisiado a otro perro de una simple dentellada y, al mismo tiempo, tienen una dependencia mutua para conseguir alimentos, por lo tanto han desarrollado formas de agresividad "ritualizadas". Son capaces de agredir sin causar daños letales. De hecho, tienen un amplio repertorio de amenazas y modos de resolver disputas que, a pesar de lo terrible que puedan verse ante nuestros ojos, apenas causan un daño mínimo a los perros implicados. Gracias a estas agresiones "ritualizadas", pueden darse el lujo de mostrarse posesivos no sólo con los alimentos sino, por ejemplo, con juguetes valiosos y huesos, con los lugares para dormir, y hasta con las medias robadas del cesto de la ropa sucia. No se ha logrado corregir estas conductas a pesar del tiempo que se vienen realizando crías selectivas.

9.   Poseen un muy desarrollado sentido del olfato. Es sencillamente inimaginable para los humanos la capacidad olfativa de los perros, sobre todo porque nuestro cerebro está especializado para recibir la mayoría de la información a través de los ojos. Los seres humanos vivimos en un mundo dominado por las imágenes (hasta nuestro pensamiento funciona de esta manera); los perros viven en un mundo de olores, ya que la mayoría de la información que ingresa a su cerebro lo hace por el sentido del olfato.

Si tomáramos todas las células olfativas de un perro y pudiéramos desparramarlas por su cuerpo, cubriríamos todo el cuerpo excepto los cuartos traseros. Si hiciéramos lo mismo con las células olfativas de un ser humano apenas llegaríamos a cubrir la superficie de una moneda de 10 centavos.

10.   No son demasiado inteligentes. Poseen un cerebro relativamente pequeño y aprenden casi exclusivamente mediante el condicionamiento operante o clásico. Este tema lo dejamos para el final porque entendemos que es polémico y enojará a muchos propietarios (lo seguiremos desarrollando en los capítulos siguientes).

La mayoría de los dueños de perros adjudican a los mismos una inteligencia que no tienen. Cuántas veces escuchamos la frase: "sólo le falta hablar" o "entiende todo lo que le digo". La realidad es otra: los perros no son como nosotros, no se nos parecen tanto como la mayoría de la gente cree, pero aun así podemos establecer lazos con ellos, compartir nuestras vidas y, por qué no, utilizarlos como sustitutos de los hijos.

Los humanos poseemos el lenguaje para transmitir nuestros pensamientos, podemos desplazarnos mentalmente del pasado al presente y al futuro, pensamos de modo abstracto, interiorizamos valores y, la mayoría, desarrollamos cualidades como la compasión, la conciencia o un sentido común de lo que está bien y lo que está mal. Los perros son completamente ajenos a estas cuestiones. No por ello son estúpidos o menos valiosos. Esto es muy importante. Los perros aprenden muy fácilmente, son capaces de distinguir diferencias muy sutiles de su entorno, saben cómo reaccionar en entornos sociales adversos, tienen una vida emocional muy rica y poseen un área afectiva de su cerebro con un desarrollo que no posee ninguna otra especie que conviva con el hombre. No son capaces de pensar de modo abstracto ni de desplazarse mentalmente hacia atrás o adelante en el tiempo, y no entienden nuestro lenguaje, aunque pueden aprender a distinguir la importancia de algunas palabras.

Humanizar a los perros siempre los ha perjudicado de una u otra manera. Es nuestra responsabilidad comprender las necesidades de esta especie fantástica con la que hemos decidido caminar juntos por la vida, y modificar su comportamiento con el menor desgaste posible para ambos. No es necesario cambiarlos por completo para legitimar nuestros sentimientos hacia ellos. Ellos son importantes y fascinantes tal y como son, no necesitan que se les fomente la inteligencia y la moral para merecer un trato justo o un hueco en la familia. Pensemos que, al atribuirles una inteligencia y una moral que no tienen, también se les atribuye la responsabilidad que éstas implican y esto, decididamente, no es un trato justo.

CAPÍTULO 2

CÓMO APRENDEN LOS PERROS
(Principios de aprendizaje)

El aprendizaje juega un rol muy importante en la vida de los animales: de las cosas aprendidas depende, muchas veces, su supervivencia.

Lo podríamos definir como un cambio más o menos permanente en la conducta debido a la experiencia.

Se trata de un proceso y la conducta es una acción que puede ser influida por el aprendizaje. Ladrar, sentarse, echarse, correr, perseguir bicicletas, morder a niños de 4 años, masticar zapatos, cavar pozos, constituyen ejemplos de conductas.

A lo largo de este capítulo encontraremos palabras a las que se les otorga un significado determinado en el lenguaje cotidiano, pero que a los fines del lenguaje teórico este significado es otro. Como esto puede prestarse a confusiones, vamos a redefinir algunos términos que nos serán de utilidad más adelante.

Llamamos "estímulo" a cualquier evento del ambiente que pueda manipularse y pueda ser percibido por los sentidos del perro. Existen dos tipos de estímulos:

- **Estímulos incondicionados:** son eventos biológicamente relevantes en la vida de un perro, y no necesitan del aprendizaje, para reconocerse, es decir que tienen un valor por sí mismos y están determinados genéticamente. La comida, el dolor, los juegos, son ejemplos de este tipo de estímulos.

- **Estímulos condicionados:** son los que son fruto del aprendizaje y que no tienen un valor intrínseco. Una palabra, un sonido determinado, un gesto corporal, son ejemplos de estos estímulos.

Condicionamiento clásico

En el apartado anterior dijimos que existen eventos biológicamente relevantes, que llamamos estímulos incondicionados. Éstos poseen una importancia tal que se hace necesario para el perro poder "predecir" en qué momento van a llegar. La única manera fiable que tienen de hacerlo es prestar especial atención a lo que sucede inmediatamente antes de que este evento se produzca. Los perros son especialistas en esto ¡y durante las 24 horas del día no tienen otra cosa que hacer!

A continuación, va un ejemplo para que se entienda mejor: imaginemos un cachorro que llega a casa. Para él, la visión y el ruido producido por una bolsa de alimento carece de valor informativo, de significado, pero si se aparean la bolsa y el ruido con la comida (que sí tiene significado) terminan por asociarse los dos estímulos.

Se produce una asociación entre un estímulo que en un principio es neutro (carece de significado) y que con el tiempo se transformará en uno condicionado, con otro que sí tenía significado: la comida (estímulo incondicionado). Los perros aprenden rápidamente a asociar el ruido de la bolsa con la comida, ya que el ruido (estímulo condicionado) predice de forma fiable la llegada de la comida (estímulo incondicionado).

Por la misma razón, los perros se entusiasman cuando tomamos la campera y la correa: "tomar la campera y la correa" (estímulo condicionado) predice de forma fiable un paseo (estímulo incondicionado).

Otros ejemplos:

"Elevar la voz y señalar con el dedo" (estímulo condicionado) predice un castigo (estímulo incondicionado).

"¿Dónde está la pelota?" (estímulo condicionado) predice el comienzo del juego (estímulo incondicionado).

"Sonido del auto" (estímulo condicionado) predice la llegada de su dueño (estímulo incondicionado).

Es mediante este proceso de aprendizaje, que nuestros perros aprenden a reconocer algunas palabras del lenguaje humano, órdenes, su nombre, etc. De esto se desprende que tenemos que tratar de ser coherentes con las asociaciones que producimos en nuestros perros.

Es muy común que cuando los adiestradores realizamos un asesoramiento nos encontremos con la siguiente escena: el dueño pronuncia el nombre del perro (por ej.: "Boby") y comprobamos con estupor que esta palabra carece de significado para el perro, pero, en cambio, cuando escucha la palabra "toma" acude inmediatamente. Conclusión: el perro se llama "toma " y no "Boby" como el dueño creía. En nuestra larga carrera como adiestradores hemos tenido infinidad de "Toma" como alumnos. La palabra "Boby" no está asociada a ningún evento biológicamente relevante o, en el peor de los casos, está asociada con algo que no es bueno para el animal. En cambio la palabra "toma" (estímulo condicionado) predice en forma fiable caricias, comida o juegos, todos ellos estímulos incondicionados.

Es importante destacar:

- En este tipo de condicionamiento (clásico) se asocian dos estímulos entre sí: el estímulo condicionado (ruido de la bolsa de comida, tomar la correa, etc.) se asocia al incondicionado (comida, paseo, etc.), independientemente de las conductas adoptadas por el perro.

- Para que la asociación se produzca, debe presentarse primero el estímulo condicionado (ruido de la bolsa de comida, tomar la correa, ruido del auto, etc.) y después el incondicionado (comida, salir de paseo, llegada del dueño, etc.). Si los estímulos se presentan simultáneamente o primero el incondicionado y luego el condicionado, el condicionamiento no se produce.

- El condicionamiento se produce rápidamente, es decir que el perro no necesita muchos ensayos para asociar.

- Mediante este mecanismo de aprendizaje se condicionan la mayoría de los estados emocionales (miedos, agresión, excitación, ansiedad, etc.).

Condicionamiento operante

El condicionamiento operante es como una ventana de comunicación entre dos especies que poseen un lenguaje diferente.

Mediante este mecanismo de aprendizaje, nuestros perros aprenden de acuerdo a las consecuencias inmediatas que generan sus conductas. Condicionar de esta forma significa, simplemente, adiestrar proporcionando consecuencias por cada conducta. A éstas las llamaremos "refuerzos" (premios) y aumentan las probabilidades de que una conducta determinada se repita.

Cada conducta reforzada se fortalece, aumenta las probabilidades y la frecuencia. Si cada vez que nuestro perro se sienta (conducta) la consecuencia inmediata es recibir comida (refuerzo), el sentarse se hace más probable y frecuente.

Tenemos que sacarnos de la cabeza lo siguiente: no existe un momento mágico en el que el perro alcanza la iluminación y de repente "sabe" sentarse. El adiestramiento sólo cambia las probabilidades, no transmite conocimientos.

En el adiestramiento canino siempre se incorporan elementos de ambos tipos de condicionamiento (condicionamiento operante y condicionamiento clásico). Como ya vimos, la conducta está bajo el control de sus consecuencias, es por eso que debemos manipular en forma intencionada las consecuencias para controlar la conducta (condicionamiento operante). Como también vimos anteriormente, queremos que los perros entiendan las órdenes y se comporten adecuadamente en distintos contextos, queremos que aprendan a asociar palabras y señales con la conducta y sus consecuencias (condicionamiento clásico).

¿Es esto muy complicado?, ¿sí?, a no desesperar, tenemos una buena noticia: para el adiestramiento de perros no es necesario ser un experto en mecanismos de aprendizaje, si bien cuanto más se conozcan, más fácil resultará adiestrar. Lo que sí se necesita es desprenderse de una gran parte de las ideas preconcebidas y pensar como un adiestrador. Tampoco se necesita un don natural y una marcada personalidad. Simplemente hay que saber algunas reglas básicas.

Reglas básicas para el adiestramiento

- **Regla número 1:** los perros harán cualquier cosa que les resulte exitoso (la conducta está bajo el control de sus consecuencias).

- **Regla número 2:** las consecuencias posibles para cualquier conducta de nuestro perro son cuatro:

  – Algo bueno empieza.
  – Algo bueno se termina.

– Algo malo empieza.

– Algo malo se termina.

- Regla número 3: estas consecuencias tienen que ser inmediatas.

- Regla número 4: tanto las consecuencias buenas como las malas, terminarán por asociarse con todas las cosas que estén pasando en el momento en que dichas consecuencias se presenten.

- Regla número 5: Los perros son expertos en leer el entorno para así saber cuáles son las consecuencias más probables para cada conducta, en cada situación.

Como la conducta está bajo el control de las consecuencias, el adiestramiento consiste, simplemente, en proporcionárselas al perro. En la vida pueden suceder dos clases de cosas: buenas y malas, por lo que hay cuatro clases de consecuencias: las cosas buenas pueden 1) empezar y 2) terminar; las cosas malas pueden 1) empezar y 2) terminar.

Los perros invierten gran parte de su tiempo intentando que empiecen las cosas buenas y que se terminen las cosas malas; evitando que se terminen las cosas buenas y evitando que empiecen las malas. Así es como manipulan su entorno, incluyéndonos. Si somos capaces de reconocer esto y explotarlo, ¡el control del perro es nuestro!

Normalmente, las personas no son concientes del control que tienen sobre el inicio y el final de las cosas buenas y malas en la vida de su perro. Incluso tienen la sensación de que su perro controla sus vidas. Esto se debe a que el comportamiento de las personas se rige por los mismos principios que el comportamiento de los perros. También nosotros deseamos que las cosas buenas empiecen y que terminen las malas, y evitamos que las buenas terminen y empiecen las malas. Es lo que normalmente hace cualquier ser vivo. Como el perro también proporciona consecuencias, es muy posible que estemos bajo su control.

Afortunadamente tenemos un cerebro más desarrollado y podemos ponernos un paso adelante en esta carrera, ya que podemos estudiar a fondo los mecanismos de aprendizaje y el perro no. Así que… ¡a continuar leyendo!

Sólo las personas tenemos un absoluto control sobre todas las cosas buenas que el perro desea en esta vida: comida, el mundo exterior, atención, otros perros, posibilidades de juego, etc. Podemos hacer que los juguetes cobren vida tirándolos, abrimos puertas y bolsas de comida. La primera idea preconcebida que tenemos que desterrar de nuestra mente es la siguiente: muchas personas esperan que el perro les obedezca por algún tipo de gratitud (¡ilusos!). Como les proporcionan todas estas cosas, esperan obediencia por compensación. Sin embargo, el mecanismo sólo funciona si hacemos que sea el perro el que cumpla primero con su parte del trato en este tipo de intercambios. Esto significa que darle de comer fielmente durante una semana, sacarlo a pasear aunque llueva, jugar y hacer ejercicios con él todos los días, no quiere decir que él nos devuelva el favor no tirando de la correa o acudiendo rápidamente a nuestro llamado. Todo deber hacerse de tal forma que el perro crea que, si quiere seguir disfrutando de estos privilegios, primero debe obedecer. De esta manera verá la obediencia como una forma de obtener lo que quiere y no como un obstáculo que le impide alcanzar lo que desea.

Hay que tomar plena conciencia de las cosas buenas que el perro desea en esta vida y dejar de dárselas gratuitamente. Cada vez que se abre una puerta se está reforzando algo y también cada vez que se pone el comedero con comida en el suelo, o cuando se inician los paseos o las sesiones de juego o se lo deja salir del canil. Los perros siempre están haciendo algo y ese algo recibe un refuerzo extra cada vez que una cosa buena aparece. Si lo que se quiere es obediencia, hay que seleccionar la conducta que se quiere reforzar en lugar de limitarse a reforzar lo que esté haciendo en ese momento, sin importar de lo que se trate. Además, hay que estar preparado para retener el refuerzo en caso de que no obedezca.

En términos de aprendizaje "tener éxito" significa que se ha reforzado (premiado) el comportamiento. Se obtuvo algo bueno o se evitó algo malo. En otras palabras, dio resultado. Los comportamientos que funcionan se fortalecen. Esta premisa rige para todos los seres vivos. Es como la ley de la gravedad: las manzanas caen y el comportamiento que se refuerza aumenta su frecuencia. Ésta es la esencia del adiestramiento, así que ahora que ya lo saben no hay excusas: hay que apréndeselo de memoria.

Para nuestro perro, nuestra casa es un laboratorio

El entorno está adiestrando al perro constantemente y de manera experta. Las camas refuerzan a los perros cuando se suben a ellas, porque les dan calor y son más cómodas que el suelo. Por eso, las probabilidades de subirse a la cama aumentan. Los gatos refuerzan a los perros cuando salen corriendo (ya que son depredadores). Es muy probable que repita esa conducta al día siguiente si se vuelve a encontrar con un gato. Para el gato subirse a un árbol es mejor que correr a campo abierto: la huída se ve reforzada. El comportamiento da resultado. Se subirá a un árbol la próxima vez que un perro lo persiga. Si el perro se dirige a una piedra, ésta no escapará, por lo que el comportamiento nunca terminará de iniciarse. Si el perro se queda mirando la heladera, la puerta nunca se abrirá, por lo que no lo seguirá haciendo por mucho tiempo, a pesar de que adentro esté toda la comida que le gusta. El comportamiento desaparece: no da resultado. Tampoco si araña la heladera. Puede ser que lo haga a modo de experimento pero, probablemente, desaparecerá rápidamente, a menos que obtenga lo que desea. Quedarse mirando fijamente a su dueño mientras está comiendo da resultado a veces. Con lo que el comportamiento perdurará. Si rasca la puerta del patio, algún humano la abrirá. Ese comportamiento funciona, por lo que perdurará al día siguiente o pasados dos días. Si sigue dando resultado, se irá fortaleciendo cada vez más hasta alcanzar una frecuencia alta. Esto no es una simple opinión: es una ley. El perro hará siempre lo que le dé resultado.

Su comportamiento es como un eterno experimento. Cada día formula miles de hipótesis como la de correr a las piedras, sentarse frente a la heladera, rascar la puerta o responder a la llamada. Se denomina extinción a la desaparición de una conducta por falta de refuerzo. Esta extinción se produce tan rápidamente que la mayoría de los dueños ni siquiera se dieron cuenta de que el perro lo ha intentado. En la naturaleza, todo tiende a la economía y a la eficacia. Ninguna especie ha sobrevivido como tal perdiendo el tiempo con comportamientos inútiles que no contribuyen, de alguna forma, a mantenerla con vida para reproducirse.

CAPÍTULO 3

EL CACHORRO EN CASA
(Principio o fin de los problemas)

Trataremos aquí un tema apasionante. En la vida de un cachorro son muy importantes los primeros días en nuestra casa: de lo que hagamos en ese momento dependerán los próximos diez o quince años de vida de nuestro perro.

Hay tres objetivos principales que debemos tener en cuenta cuando el cachorro llega a nuestra casa. Estos objetivos deben cumplirse, en lo posible, antes de los cuatro meses de edad, ya que después nos servirán de base para lograr un perro adulto mentalmente sano, equilibrado y capaz de aprender con facilidad.

Objetivo número I

Obtener un cachorro sociable y seguro de sí mismo.

Generalmente el cachorro llega a nuestra casa antes de los sesenta días. En ese momento no es importante focalizarse en entrenar ejercicios de obediencia, pero sí tenemos que poner empeño en socializarlo correctamente. Como vimos en el Capítulo 1, la socialización es la habituación a lo novedoso, siempre y cuando ésto no vaya seguido de una experiencia desagradable. Esto significa que este proceso no debe ser pasivo, por lo que debemos procurar que el acercamiento a lo desconocido tenga como consecuencia algo positivo para el perro. El moderado estrés que provoca la exposición a situaciones novedosas en el periodo inicial de la vida actúa como una vacuna. Si se incrementan el número de experiencias positivas, aumentamos las probabilidades de obtener un perro adulto con un temperamento relajado, estable y sólido.

Lo que queremos ver es un cachorro extrovertido, que se acerque a cualquier persona moviendo la cola, con decisión y confianza. El objetivo de nuestros esfuerzos debe ser que se sienta muy cómodo y seguro en cualquier situación.

Es importante tener en cuenta que el cachorro debe optar voluntariamente por acercarse a las personas, perros y objetos desconocidos, es él quien marca el ritmo, el cuándo y a qué velocidad. En el caso de un cachorro tímido, apurarlo o forzarlo a estar en contacto con gente o algo que le asuste, sólo sirve para aumentar el miedo que ya tiene.

Los perros a los que les falta socialización sufren de estrés crónico, perciben lo inofensivo como una amenaza. Es una vida poco envidiable, además de que el estrés crónico repercute en la salud de los perros.

En este periodo también es importante enseñarle a jugar, los juegos sirven para fortalecer nuestro vínculo con el cachorro y para indicar nuestra jerarquía de una manera positiva y no violenta. Jugar, aprender las reglas de los juegos y utilizar su inteligencia, hacen que el cachorro cree una mayor cantidad de uniones sinápticas, lo que lo hará más inteligente y le posibilitará una mejor adaptación para aprender cosas nuevas en el futuro.

Objetivo número 2:

Aprender a comunicarse y a jugar con otros perros.

Es de vital importancia que el cachorro tenga buenas experiencias con otros perros, jóvenes y adultos. Como vimos anteriormente, por naturaleza están obsesionados con estar con otros perros y toleran muy mal el aislamiento de sus congéneres. Tenemos que procurar mantener aceitadas sus habilidades sociales. Esto significa que cuanto mayor sea el contacto con perros extraños (que sabemos que no harán pasar un mal momento a nuestro cachorro) más hábil será socialmente y mejor se desenvolverá entre los perros, disminuyendo así las posibilidades de tener en el futuro un animal peleador o miedoso. Hay que entender que tienen un permanente interés por saber quién es el otro perro, no importa que sea conocido o desconocido, como estará interesado en el sexo, o en realizar comportamientos de apaciguamiento si son necesarios, o pelearse a empujones por el rango si es necesario. Nada de esto puede hacerse a distancia.

Muchos propietarios se manifiestan preocupados o irritados por este tipo de comportamientos. Castigar estas conductas o prohibir el contacto con los otros perros termina favoreciendo un comportamiento social sin pulir.

Moraleja: las habilidades sociales se potencian con el contacto y se deterioran con el aislamiento.

Objetivo número 3:

Obtener un perro que desde pequeño aprenda a quedarse solo.

Esto también es muy importante, ya que la vida moderna hace que los propietarios se vean obligados a dejar durante muchas horas solo a su perro. En los primeros días en casa, consentirlo en todo, tenerlo siempre en brazos y dedicarle mucho tiempo de atención, significa preparar "la tormenta perfecta". Este tema lo desarrollaremos con mayor profundidad en el próximo capítulo, pero algo muy importante a tener en cuenta es lo siguiente: demasiada atención hará del cachorro un perro adulto ansioso y dependiente de su dueño que, además, ladrará continuamente cuando esté solo, rascará las puertas eternamente para entrar, masticará todo lo que se encuentre en su camino, etc., etc., etc. ¡La "tormenta perfecta" se desató!

Entonces, ¿qué hay qué hacer y cómo?

Lo que sigue a continuación, es fruto de nuestra experiencia a lo largo de veinte años en el trato con los perros.

Es obvio e inevitable prestar atención a un cachorro recién llegado a nuestra casa, pero no tenemos que perder de vista, en ningún momento, qué es lo que queremos de él y qué conductas reforzar y cuáles no. Después de la atención inicial, es conveniente comenzar a dejarlo solo por periodos breves y reforzarlodejándolo entrar a la casa sólo cuando esté tranquilo. Los periodos se irán alargando paulatinamente.

Importante: dejarlo solo no significa aislarlo socialmente. Los cachorros que crecen aislados crean su propio mundo (del cual nosotros estamos excluidos), sus propios juegos y reglas. Hacer esto significaría contradecir el objetivo número 1.

Si estos periodos de soledad (sin ansiedad y con el animal relajado) son reforzados con atención y juegos, lograremos que, cuando necesitemos que se quede solo, esto no sea motivo de estrés, ansiedad y miedo.

El paseo

Otro tema importante a tener en cuenta con los cachorros es el paseo.

Se nos presenta aquí un pequeño conflicto de intereses, ya que la mayoría de los veterinarios (preocupados por la salud física del cachorro) aconsejan no sacarlo a la calle hasta que el plan de vacunación esté completo y, como esto sucede alrededor de los cuatro meses de edad, la ventana de la socialización ya está a punto de cerrarse, si no lo ha hecho ya. Por otro lado, los adiestradores (preocupados por la salud psíquica del cachorro) necesitamos socializarlos, lo cual implica exponerlo a entornos y situaciones que sólo pueden darse fuera de la casa. Según nuestra experiencia, pasada una semana de la segunda dosis de vacuna, podemos sacar al cachorro a la calle. Tendríamos así una solución al conflicto, atendiendo tanto la salud física como su bienestar psíquico.

Primeros paseos

El paseo empieza en casa. Lo primero que tendremos que hacer es acostumbrarlo al collar y a la correa y esto sucede dentro de la casa.

Debemos tener en cuenta que muchos perros sienten que sus posibilidades de huir están anuladas cuando tienen la correa puesta. Es demasiado, para algunos cachorros, tener que vérselas con el collar, la correa y la calle, todo al mismo tiempo y en un solo día. Así que… ¡a armarse de paciencia y a trabajar! Le pondremos el collar y lo asociaremos con comida y caricias. Nuestro objetivo es que el cachorro tenga exactamente el mismo estado de ánimo con o sin el collar puesto.

Una vez que lo anterior está consolidado pasaremos al paso siguiente, que es colocar la correa. También en este caso hay que asociarla con comida, caricias y juegos. Una alternativa que funciona muy bien es aprovechar el horario de comer para realizar estos trabajos. Nos acercamos con su plato de comida, ponemos la correa, la dejamos caer al piso y bajamos el plato. Es muy importante no ejercer al principio ningún tipo de presión, sólo dejar que el cachorro se mueva libremente sin presionarlo para que vaya en alguna dirección concreta. Una vez más, el objetivo es lograr que no cambie su estado de ánimo por el solo hecho de tener la correa puesta. Es importante que asocie tanto el collar como la correa con buenas emociones. Esto, de ningún modo, significa excitación extrema y descontrol. Simplemente significa que no debe ver al collar y a la correa como sinónimos de problemas.

Si hemos hecho las cosas correctamente, tendremos ahora un cachorro perfectamente acostumbrado a su collar y a su correa, que no cambiará su estado de ánimo en presencia de estos dos objetos, con los cuales tendrá que convivir durante toda su vida. Podemos entonces empezar a sacarlo, primero a la vereda de nuestra casa. Nuevamente, aquí el objetivo es un estado de ánimo estable. Trataremos que esta primera experiencia sea placentera, positiva y que termine bien. Podemos llamarlo y jugar con él, darle comida y caricias siempre dentro de los límites de la vereda de nuestra casa. Casi sin darnos cuenta comenzamos su socialización, ya que es inevitable el encuentro con personas y vehículos, escuchar ruidos desconocidos, etc.

Si hacemos todo correctamente, tendremos a nuestro cachorro dando una vuelta a la manzana en una semana. Cuando esto suceda, estaremos en condiciones de empezar a enseñarle algunas cosas más. Tengamos en cuenta que en la calle existe una inmensa cantidad de estímulos que competirán con nosotros por su atención. Es en este momento cuendo debemos transformarnos en el punto de referencia de nuestro perro. Debemos dejar lo más claro posible que, para seguir disfrutando del paseo, debe responder a nuestro llamado, prestándonos atención cada vez que se lo pidamos. Para que esto suceda debemos hacer que aprenda a reconocer dos palabras (aparte de su nombre) que le brindarán la información que necesita en ese momento. Mediante los mecanismos que vimos en el Capítulo 2, enseñaremos al cachorro a reconocer la palabra "bien", sinónimo de que algo bueno está por empezar o algo malo está por terminar, y la palabra "no", que significa que algo bueno está por terminar o algo malo está por comenzar.

> Un ejemplo: supongamos que estamos en la calle con nuestro cachorro y un olor en el suelo atrae su atención. En ese momento lo llamamos. El cachorro, como mínimo, deberá establecer contacto visual al oír su nombre. Si esto sucede decimos "bien", le pedimos que se acerque, le damos comida e inmediatamente lo dejaremos para que siga olfateando el suelo. Si cuando lo llamamos no establece contacto visual decimos "no" seguido de dos o tres tirones suaves de la correa. Esto provocará que nos mire, entonces diremos "bien", lo llamamos, le damos comida y caricias... y sigue con su paseo.

La palabra "bien" informa al perro que va por el camino correcto y la palabra "no" que se ha equivocado. Es importante recordar que estas dos palabras no son reforzadores en sí mismos, por lo tanto deben estar fuertemente asociadas tanto a la comida, como a los juegos y las caricias ("bien") como a los tirones de correa ("no"). Estos últimos no deben ser fuertes, más bien tenemos que ocasionar una "molestia", que no cesará hasta que el cachorro cambie la conducta que queremos corregir por la que deseamos.

CAPÍTULO 4

PROBLEMAS DE CONDUCTA MÁS FRECUENTES

La "tormenta perfecta" se está gestando.

Fernando vive en un monoambiente de 25 m^2. Trabaja diez horas por día y viajar de su casa al trabajo le lleva, entre la ida y la vuelta, dos horas más. Siempre quiso tener un perro y aprovechando los veintiún días de sus merecidas vacaciones, decide no posponerlo más y compra un hermoso cachorro de Labrador Retriever.

En el tiempo que duran sus vacaciones, Fernando lleva al cachorro a todas partes y pasa horas jugando con él, atendiendo puntualmente cada una de sus necesidades. Hasta comienza a enseñarle algunos trucos con relativo éxito.

Como todo lo bueno se termina, un día las vacaciones llegan a su fin y Fernando vuelve a cumplir con las doce horas de ausencia que su rutina diaria le impone, dejando al cachorro solo por primera vez.

Después de un pesado primer día de trabajo (en el cual el jefe lo volvió loco) entra a su casa y… ¡Dios mío!, el huracán "Katrina" arrasó su departamento: pis por todos lados, caca en el sillón, las zapatillas nuevas (esas muy caras que compró la semana pasada y que sólo usó dos veces) hechas tiritas, las cortinas en el piso al igual que su ropa, la alfombra hecha jirones, los restos del desayuno desaparecidos, el tacho de basura volcado y su contenido esparcido por todo el departamento.

Fernando traga saliva y comienza a limpiar el desastre mirando de reojo, con cara de pocos amigos, al cachorro. Terminada la tarea, se sienta a tomar un merecido descanso frente al televisor y suena el timbre. ¿Quién podrá ser? El vecino de arriba avisando que el perro ladró y lloró todo el día y que, preocupado porque creía que le pasaba algo, llamó a zoonosis.

Después de tantos días de atenciones, el cachorro de Fernando, de repente se quedó solo y esto le provocó miedo, miedo de ser atacado y de no contar con el apoyo de su jauría. El estrés se hace presente y por eso comenzó a ladrar y aullar, la angustia lo puso nervioso y así, el control de sus esfínteres disminuye, aumentando la micción y defecación. Es muy probable que después de unas horas de soledad se haya tranquilizado, pero como el aburrimiento es insoportable, no hay nada mejor que masticar algo para pasar el rato, por ejemplo, unas zapatillas. Es que el significado del objeto zapatilla sólo tiene valor para los humanos, para el perro es un objeto para masticar tan bueno como cualquier otro.

Lo que en apariencia es un problema de conducta, en realidad deberíamos definirlo como un dueño irresponsable y egoísta que no pensó cómo se iba a ocupar de su cachorro y sólo atendió a su impulso de comprarlo. Debemos tener en cuenta que los perros son extremadamente sensibles y no toleran bien el aislamiento y la soledad.

En las condiciones en que vive Fernando, sería ideal no tener un perro y probar con otro tipo de mascotas, por ejemplo, un pez. Pero si aún así las ganas de tener uno son inmensas, lo ideal sería adoptar un perro adulto que sea tranquilo y esté acostumbrado a quedarse solo muchas horas.

Saber elegir el perro ideal para cada persona es una virtud… y no todos la poseen.

Lo que las personas llaman usualmente "problemas de conducta" son, en realidad, comportamientos totalmente normales en un perro sano, pero para los humanos son muy molestos y pueden hacer de la vida cotidiana un infierno. Cuanto más civilizados, tecnológicos y urbanos nos hacemos, más difícil convertimos la vida para el perro.

Es muy raro ver comportamientos psicóticos y estereotipados en un animal que vive en el campo. La razón es que en esas condiciones es capaz de satisfacer todos los comportamientos que su genética le impone, sobre todo el comportamiento predatorio y social. Jamás escucharemos a un gaucho decir: "a mi perro se le da por morderse la cola y ladrar todo el día cuando me voy a la estancia".

Gran parte de los llamados problemas de conducta se deben a la falta de ejercicio, de estímulos y al hecho de que estén mucho tiempo solos –esto es el aislamiento social– en espacios reducidos.

El tiempo que debemos dedicarle por día es algo que tenemos que tener en cuenta a la hora de adquirir un perro porque, a no engañarse, necesitan largos periodos de atención.

Decálogo de los "problemas de conducta" más frecuentes

¿Qué hacer cuando…?

- Mastican objetos.

- Saltan para saludar.

- Defecan y orinan dentro de la casa.

- Roban comida.

- Ladran en forma excesiva.

- Tiran de la correa durante los paseos.

- Se desesperan al ver a otro perro.

- Manifiestan miedo o agresión hacia los desconocidos.

- Protegen objetos.

- Juegan brusco con los niños.

Estos son los diez comportamientos más predecibles que los dueños consideran problemáticos y que, a pesar de ello, no intentan evitar con el adiestramiento preventivo. Los adiestradores no terminamos de entender por qué los dueños esperan hasta tener un problema para hacer algo al respecto.

Las técnicas para la modificación de conductas dan muy buenos resultados, pero normalmente se presentan dos inconvenientes:

Los dueños se sienten abrumados por todo el "trabajo" que supone adiestrar a su perro. Resulta incomprensible que a muchas personas que les gustan tanto los perros, se compren uno y después consideren insufrible interaccionar con el animal del modo más interesante que hay: el adiestramiento.

Con las técnicas para la modificación de conductas no se obtienen resultados inmediatos. Los dueños abandonan antes de realizar un número suficiente de ensayos diciendo "no funcionó".

Como vimos anteriormente, todos estos comportamientos indeseables son absolutamente normales en un perro sano. Aun así veremos la forma de atenuarlos o disminuirlos de tal forma que ocasionen el menor desgaste posible para ambos.

Masticar objetos

Imaginemos que el conjunto de comportamientos de un perro es un tanque de combustible que se llena con determinada cantidad de litros por día. Debemos vaciar todos los días el contenido del tanque principal en pequeños recipientes, quemadores de combustible, que simbolizan las distintas válvulas de escape del comportamiento del animal. Ejemplificamos: tendremos una válvula para "mordisquear", otra para "perseguir y apresar", otra para "ladrar al basurero", etc. Si taponamos con castigo, alguna de las vías que llevan el combustible a uno de los quemadores, es obvio que se producirá un incremento en la reserva de combustible del tanque principal. La única manera de taponar el quemador de "morder muebles" de forma permanente es abrir otro quemador, por ejemplo, "morder juguetes".

Los perros necesitan válvulas de escape para poder expresar sus comportamientos naturales, si no se puede o no se quiere atender las necesidades básicas de su comportamiento, es mejor no tener uno.

Teniendo en cuenta lo anterior, es urgente establecer lo antes posible la adicción a un juguete para morder. Jamás, en ningún caso, se permitirá que un perro de cualquier edad y raza tenga acceso a otros objetos que no sean estos juguetes, a menos que se lo supervise muy, pero muy atentamente. De esta manera evitaremos que descubra que le gustan para morder los zapatos de cuero o el sillón del living. Para el perro, cualquier objeto es bueno para morder. Casi todo lo que existe en el universo está prohibido, excepto la media docena de objetos que nosotros decidimos que puede morder. Cuando está solo, sin vigilancia y con todos los objetos a su disposición, la probabilidad de que el perro acierte mordiendo los juguetes permitidos es realmente ínfima, así que aquí van las reglas:

- Buscar objetos apropiados para morder que sean atractivos e interesantes.

- Evitar que muerda los objetos no permitidos, aislándolo especialmente en los periodos en los cuales no podemos vigilarlo.

Después de que los puntos anteriores lleven un tiempo aplicándose, empezaremos a dejar libre acceso a los distintos lugares de la casa bajo estrecha supervisión, y si comete algún error lo redirigiremos para que muerda un juguete permitido.

Saltar para saludar

En la mayoría de las culturas humanas nos estrechamos las manos o nos inclinamos respetuosamente para saludar. Los perros, en cambio, corren excitados de un lado a otro, se lamen y se huelen unos a otros. El origen de saltar para saludar se encuentra en las primeras semanas de vida, cuando los cachorros saltan para lamer las comisuras de los belfos de los perros adultos, lo que induce a regurgitar la comida pre-digerida. En la edad adulta los perros conservan este comportamiento de saltar y lamer a modo de saludo sumiso. En el caso de perros que viven entre humanos, esto se ve aumentado porque el grupo está constantemente separándose para después reagruparse (los humanos nos vamos y volvemos varias veces en el día).

Además, tenemos una posición vertical: los perros saltan para alcanzar nuestra cara. En general permitimos este comportamiento en los cachorros y lo reforzamos para después cambiar las reglas cuando crecen.

Saltar para saludar es inevitable. La principal razón por la que lo hacen es porque nadie les enseñó a comportarse de otro modo. El castigo como método para corregir este tipo de problemas, suele ser ineficaz y posee gran cantidad de efectos secundarios. Sólo imaginen lo que sentirían si se les diera un rodillazo en el diafragma por sonreír y extender la mano amigablemente. El castigo no soluciona el problema, sólo produce una supresión temporal del comportamiento. El perro no aprende que saltar está mal, aprende que saltar es peligroso.

La solución al problema está en enseñar al perro un comportamiento alternativo que sea incompatible con el salto. A esta técnica se la conoce como "contra-condicionamiento". El perro no puede estar sentado y saltar al mismo tiempo.

Supongamos que elegimos que el perro se siente como comportamiento alternativo. Antes de aplicarlo a una situación real debemos comenzar a adiestrar la conducta de sentado aunque más no sea en forma rudimentaria. Para empezar practicaremos el ejercicio de sentarse y quedarse quieto en distintos lugares, a cambio de un refuerzo de comida. Cuando logremos que el perro se quede sentado como una estatua en un entorno con bajos niveles de distracción, entonces podremos enseñarle que no salte sobre nosotros en las situaciones habituales. Haremos lo siguiente: abrir los brazos de par en par haciendo todo lo posible para que el perro salte. En cuanto lo haga hay que rechazarlo enérgicamente diciendo "NO" (esta señal ya está condicionada desde cachorro. ¿Se acuerdan del capítulo 3?), lo cual le indicará al perro que lo bueno se terminó y está por comenzar algo malo. Si logramos que permanezca sentado, decimos "BIEN" y reforzamos con comida. Con el tiempo, la señal de abrir los brazos significará para el perro que debe sentarse. Esto lo prepara no solamente para no saltar a los miembros de la familia, sino también a los tontos de turno que inevitablemente encontraremos en la calle e intentarán sabotear nuestro trabajo insistiendo a nuestro perro para que les salte y los salude. "¡No pasa nada! ¡A mí me encantan los perros!", dicen estos peatones ávidos de acariciar mascotas ajenas. En general, los perros aprenden a no saltar relativamente rápido, en la primera sesión de adiestramiento. Lo que no aprenden es a no hacerlo al día siguiente. Los perros no generalizan fácilmente, así que a no desanimarse y a seguir trabajando.

Más adelante necesitaremos la colaboración de un amigo para realizar los mismos ejercicios anti-salto con el perro. Esta persona deberá tocar el timbre de nuestra casa e ingresar en ella. Es muy probable que el perro aprenda a no saltarle a este amigo en particular, pero que lo haga otra vez ante otra persona, como si nunca hubiera recibido ningún tipo de adiestramiento. Después de que media docena de personas distintas hayan practicado el ejercicio tendremos muchas probabilidades de que no le salte a un extraño. A partir de entonces, sólo necesitaremos realizar una práctica de vez en cuando, a fin de mantener el ejercicio fresco.

Orinar y defecar dentro de la casa

Para garantizar el éxito en el adiestramiento de este tipo de comportamientos lo único que hace falta es tiempo y dedicación.

- **Regla número 1:** supervisar e informar al perro en todas y cada una de las veces que hace sus necesidades.

- **Regla número 2:** el dueño es el bueno de la película la mayor parte del tiempo.

Para dar información al perro sobre todos sus actos y así convertirse en el bueno de la película debemos hacer todo lo posible para que haga sus necesidades fuera de la casa. En ese momento debemos estar presentes para darle el refuerzo oportuno en el instante preciso (premio verbal y comida). Debemos prevenir cualquier error dentro de la casa. Cada vez que evitemos que lo haga dentro de la casa aumentan las probabilidades de que lo haga en el lugar deseado (afuera).

La mejor manera es aprovechar la tendencia natural de los perros a no ensuciar el lugar donde duermen (harán lo indecible para no ensuciar en espacios reducidos). Para ello, es indispensable restringir los movimientos del perro con una caja de transporte. Es decir, lo entrenaremos para que tolere pasar breves periodos de tiempo dentro de la caja.

Pasos:

- **Sacar a pasear al perro en intervalos regulares al mismo lugar.** Reforzaremos con comida cada vez que haga sus necesidades en el lugar deseado. El refuerzo deberá llegar un segundo después de que haya terminado. Es importante que estemos presentes, ya que esto hará que los futuros castigos sean más fáciles de interpretar.

- **También se lo puede reforzar con juegos y paseos después de evacuar.** Si aprende que el paseo comienza inmediatamente después de evacuar, lo hará con mayor rapidez. La mayoría de la gente hace esto al revés: sacan a pasear al perro con la esperanza de que ensucie afuera, y cuando lo hace, dan por terminado el paseo. De este modo, el perro tiende a retrasar la evacuación para prolongar el paseo.

- **Cuando el perro haya vaciado la vejiga y los intestinos** (ambas cosas fuera de la casa, en presencia del dueño y luego de que el perro haya sido reforzado por ello), entonces podrá estar suelto en la casa por espacio de treinta minutos. Tendremos que estar muy atentos. Todo accidente dentro de la casa supone: a) una oportunidad perdida para reforzarlo afuera, b) que el hábito continúe y c) si lo castigamos por esto, nos transformaremos en el malo de la película y enseñaremos al perro que no es seguro hacerlo cuando estamos presentes.

- **Si no es posible supervisar al perro,** debe permanecer dentro de la caja de transporte. Así evitaremos los accidentes y aumentaremos la probabilidad de ensuciar fuera de la casa. Debemos hacer de la caja un lugar cómodo (bastará con una manta y juguetes).

- **Cuando tengamos establecido un historial importante de reforzamientos por ensuciar afuera,** podemos darle oportunidad de que cometa algún error dentro de la casa y así poder "castigar" sin que esto nos traiga problemas. La forma de reconocer que un historial de refuerzos es adecuado es que el perro evacuará casi en forma refleja cuando llega al lugar deseado. Debemos trabajar en los puntos anteriores por lo menos un par de semanas. Si fuimos prolijos, es posible que el perro no haya cometido ningún error. En caso de que lo descubramos ensuciando dentro de la casa, la consecuencia debe ser una reprimenda. Hay que hacerlo cuando está empezando y tratar de interrumpirlo. Si el perro ha vaciado por completo su vejiga en la alfombra, la reprimenda resultará menos obvia. Llegar tarde nunca sirve.

Robar comida

El mayor problema que enfrentamos en este caso es el de empezar el adiestramiento cuando el perro ya ha tenido varias oportunidades exitosas de robar comida. Este tipo de problemas es el mejor ejemplo de lo que se puede evitar con adiestramiento preventivo.

Lo principal es empezar antes de que el perro haya tenido intentos exitosos de robar comida. Comenzaremos enseñándole a echarse y quedarse quieto lejos de la mesada de la cocina (ver capítulo 5), y reforzaremos con comida cada vez que lo haga. Al principio reforzaremos cada 10 segundos, después cada 20, después cada 30 y así sucesivamente. El paso siguiente será realizar el ejercicio mientras se prepara la comida (al principio, la preparación de la comida se retrasará, pero no hay otro remedio). Para reforzar utilizaremos su propia comida (siempre es mejor que dársela gratis). Cada vez que el perro se levante de la posición corregiremos con un "NO" y lo volveremos a la posición. El perro aprenderá que, si se levanta, lo volveremos a la posición, pero si se queda tiene muchas posibilidades de recibir un refuerzo. Si hicimos bien el trabajo, permanecerá en esa posición durante el tiempo de preparación de la comida para recibir el refuerzo al final. Si realiza un intento de saltar sobre la mesada de la cocina en esta fase inicial es importante tener en cuenta lo siguiente:

- **La genética de los perros indica que son oportunistas** (si es comestible y está a mano, será devorada). Todo el tiempo tratará de descubrir cuándo es seguro hacerlo y cuándo es peligroso. Hay que enseñarle que SIEMPRE es peligroso intentar subirse a robar comida de la mesada. Para hacerlo hay que tratar de sorprenderlo *in fraganti* la primera vez que lo intenta. Hay que estar prevenido y lo mejor es provocar la situación para que lo intente. Después de condicionar que se quede quieto en su lugar, dejaremos algo que sea irresistible a su alcance y saldremos de la cocina con una actitud corporal de total confianza en nuestro amigo, pero nos mantendremos atentos y vigilantes. En cuanto el perro mueva un músculo para dejar su lugar haremos una entrada rápida y le pediremos que se vuelva echar y quedarse quieto. Con dos o tres veces que hagamos esto, el perro tendrá la sensación de que somos omnipotentes y tenemos ojos en todas partes, y que la mayor probabilidad de recibir un refuerzo es quedándose quieto estemos o no en la cocina.

Como dijimos al principio, el mayor problema radica en empezar el adiestramiento después de que el perro tuvo una o varios intentos exitosos de robar comida. En este caso nadamos contra la corriente, ya que el comportamiento ha sido reforzado y llevará más tiempo de lo que llevaría si no hubiera tenido intentos exitosos. Podemos estar seguros de que el perro, en algún momento de su vida, intentará robar comida. Debemos estar preparados. No es un drama que lo intente, pero sí que lo logre, aunque sea una vez.

Ladrido excesivo

María vive en un departamento de dos ambientes que comparte con Tobías, un Cocker Spaniel de dos años de edad que parece haber "adiestrado" a su dueña como un experto. Tobías le enseñó a reconocer cuatro tipos distintos de ladridos: cuando llega alguien a la casa, cuando necesita algo (comida, agua, salidas, etc.), cuando tiene miedo y cuando está aburrido. Como es lógico, María debió modificar su forma de vivir de acuerdo a los ladridos de Tobías, que molestan a los vecinos. Por ejemplo, esta buena señora desarrolló la capacidad de despertarse 5 minutos antes de que suene el despertador, ya que este sonido dispara los ladridos del perro (ver capítulo 2). Después de un día de trabajo agotador, María llega a su casa, toma el ascensor hasta el tercer piso (ella vive en el cuarto), se saca los zapatos, los cambia por unas zapatillas y sube un piso por escalera, para evitar que el perro ladre durante el tiempo que ella tarda en bajar del ascensor y abrir la puerta de su casa. ¿No es una locura?

Como vimos en el Capítulo 2, los perros aprenden de acuerdo a las consecuencias que trae aparejado su propio comportamiento… ¡y los humanos también! Tobías probó muchas maneras para hacerse entender por su dueña y la experiencia le demostró que los ladridos son el comportamiento más exitoso de todos. Cada vez que Tobías ladraba, su dueña, para que no molestara a los vecinos, se mostraba dispuesta a satisfacer cada uno de sus caprichos.

> De toda la variedad de razones por las cuales los perros ladran, quizás la más molesta y problemática sea la del ladrido como demanda de atención. De este modo el perro comunica a su dueño que quiere algo. Entre las peticiones típicas se encuentran apertura de puertas (acceso al jardín, salida a pasear, liberación del canil, etc.), que le prestemos atención, que le demos comida mientras comemos, invitaciones a jugar o deseo de acercarse al perro que está en la otra vereda. El problema no radica en que el perro ladre para pedir las cosas, sino en que normalmente da resultado: el dueño siempre refuerza el ladrido atendiendo a la petición para que deje de ladrar. Así se establece un comportamiento difícil de extinguir.

Los perros experimentan todo el día para encontrar un comportamiento que dé resultado. Rápidamente descubren que ladrar da resultado con los humanos, pues nadie atiende al perro cuando está echado y tranquilo. Sin embargo, si no nos gusta que el perro ladre, lo que debemos hacer es precisamente eso: no debemos prestarle atención. Esto significa no abrir puertas, no darle comida ni sacarlo a pasear.

En lugar de dejar que sea el perro quien decide cuándo salir, debemos ser nosotros los que lo saquemos a intervalos irregulares y debemos asegurarnos de que nunca ladre antes de abrir la puerta; antes de hacerlo hay que esperar que permanezca tranquilo, por lo menos 30 segundos.

Es muy importante tener en cuenta que, si antes hemos reforzado el ladrido, este empeorará antes de desaparecer. Estamos cambiando las reglas del juego y es seguro que el perro se sentirá frustrado al principio. Si no tenemos en cuenta esto y cedemos antes de que el perro cese con este tipo de comportamiento, los ladridos adquirirán proporciones catastróficas, ya que estaremos enseñando a nuestro perro un comportamiento resistente a la extinción. A esta intensificación del comportamiento se la conoce como "rabieta pre-extinción".

Los humanos también presentamos "rabietas" de este tipo. Veamos un ejemplo: el comportamiento "accionar el picaporte de una puerta" ha sido reforzado un sinnúmero de veces cuando se abre la puerta. Imaginemos por un momento que la puerta no se abre. ¿Cambiamos de estrategia inmediatamente o insistimos? Sin dudas la respuesta correcta es: insistimos, volvemos a accionar el picaporte, probablemente con más fuerza; lo hacemos compulsivamente y con saña, incluso con patadas y empujones. Sólo después de un rato emplearemos otra estrategia, como por ejemplo buscar la llave o entrar por otro lugar. Cuando los perros aumentan el ladrido están accionando el picaporte con más fuerza antes de buscar la llave.

Debemos estar preparados para estas "rabietas". Antes de reforzar al perro dándole lo que quiere, debemos esperar a que se produzca el cambio de estrategia que deseamos: que se eche en silencio. Es importante enseñar que hay premios especiales por permanecer echados y en silencio, sin ladridos molestos.

Tirar de la correa durante los paseos

Generalmente, en los primeros paseos los cachorros son tranquilos y tratan de mantenerse cerca de nosotros; esto se debe a que el entorno les resulta desconocido y amenazante. El problema se presenta en cuanto toman confianza y la calle se vuelve un entorno familiar. Los motivos son varios:

- **Nuestro ritmo es lento** y los cachorros quieren explorar y acortar la distancia lo más rápidamente posible entre ellos y lo que les interesa olfatear.

- **Tiran para acercarse a otros perros**, ya sea para jugar o pelear.

- **Reflejo opuesto.** Al retener al perro con la correa hacia atrás, por reflejo el perro realiza una fuerza igual o mayor hacia adelante. Por eso, resulta muy poco efectivo tratar de frenar al perro con una tensión constante de la correa. El resultado será terminar con las manos rojas y los brazos doloridos.

Es importante no luchar contra el perro y buscar la manera de que entienda lo que queremos de él: que camine a nuestro lado sin tirar de la correa.

Cuando nuestro perro camina bien y tranquilo, la correa está floja y sin tensión. La clave está en que el perro entienda lo antes posible que si la correa está floja todo es placentero y puede seguir con el paseo, pero si se apura y la correa se tensa habrá una corrección. Con perros de tamaño pequeño no es tan complicado; en cambio, las razas de tamaño grande demandan un esfuerzo físico y mucha técnica.

Para comenzar, recordemos el Capítulo 3 y tratemos que nuestro perro salga tranquilo de la casa. Si el perro comienza a tirar, en el momento antes de que se tense la correa frenamos, decimos "no" y damos un tirón seco de la correa; luego esperamos a que se calme, decimos "bien" y volvemos a caminar. Si insiste en tirar, otra vez decimos "no" y esta vez damos dos tirones de correa. Aquí es donde la experiencia en el trabajo con perros hará que tengamos resultados más rápidos. Hay perros que con un par de correcciones comienzan a entender, aunque también están los otros, más cabeza duras, con los que vamos a tener que trabajar mucho tiempo para obtener algún resultado. Lo más importante es que, mientras enseñemos a nuestro perro, no está permitido perder la paciencia ni ceder ante las frustraciones. Por más cabeza dura que sea nuestro perro, si tenemos constancia siempre lograremos nuestro objetivo. Lo más negativo en cualquier entrenamiento es frustrarse y abandonar a mitad de camino. Esto sólo sirve para acrecentar el mal comportamiento de nuestro perro.

PACIENCIA Y TÉCNICA, ÉSA ES LA RECETA.
EL MENSAJE PARA EL PERRO ES:

- Si estás relajado, caminamos y algo bueno comienza.

- Si tirás de la correa, habrá correcciones y algo malo comienza.

- Blanco y negro. No demos más opciones y seamos claros con nuestro perro.

Desesperación cuando ve otro perro

Si nuestro perro está bien socializado, es normal que manifieste interés y se ponga ansioso por estar con otro perro. Pensemos un poco como adiestradores: ¿cómo queremos que nuestro perro se acerque a otro?, ¿qué es lo que nuestro perro tiene que saber?

Sin dudas queremos que se acerque en forma tranquila. En este aspecto hay similitudes con el punto anterior (es decir, correa floja significa que puede acercarse a otro perro). La diferencia está en que en este caso tendremos más motivación por parte del animal. Por este motivo, es importante controlar al perro en situaciones de baja motivación (por ejemplo, en una calle tranquila y sin perros) para luego trabajar en situaciones de mayor motivación, como acercarse a otro perro.

La motivación por estar con un congénere es grande y el nivel de ansiedad es muy importante. El problema se agrava cuando el comportamiento del otro perro es similar. Los dueños suelen agravar el problema al tirar con fuerza de la correa y estrangular a un perro que ya de por sí está frustrado. Por lo general, los perros se comportan de manera más agresiva cuando están con la correa puesta que sin ella.

Cuando un perro bien socializado se encuentra con otro perro se acercará para olfatearlo; probablemente realizará comportamientos de apaciguamiento. En cambio, un perro que no ha recibido una buena socialización ladrará y retrocederá, se esconderá en cualquier rincón de la casa y evitará el contacto. Cualquiera de estos dos tipos de comportamientos se ven frustrados por la correa. Los comportamientos agresivos se desinflan cuando las barreras físicas (correas, cercas, rejas, etc.) desaparecen. Por esta razón, es muy importante que nuestro perro se acerque a otro de manera tranquila. Debemos crear la sensación de que está suelto. Al no haber tensión en la correa, la frustración desaparece.

Miedo o agresión a desconocidos

Sin dudas este problema de conducta se da en perros mal socializados. Generalmente, el miedo y la agresión son distintas caras de la misma moneda y poseen la misma función: crear distancia entre el perro y aquello que lo atemoriza. Cuando el miedo se presenta hay dos caminos:

A. **La huida**, es decir, aumentar la distancia con lo que provoca miedo. Si esta opción no es posible, el perro pasara automáticamente al plan B:

B. **Mostrase agresivo**, de modo que el que tome distancia sea el otro.

Es muy frecuente que el perro con miedo escape si se encuentra suelto. Al tener la correa puesta, el escape no es posible y se manifiesta la agresión.

Cuando un perro es temeroso con los extraños, debemos dejar que decida cuándo acercarse y luego buscar algún tipo de interacción como caricias o darle algo de comer. La comida es un fantástico modo de testear el miedo, ya que el miedo quita el deseo de comer.

Cuando hay agresión por parte del perro debemos tomar cartas en el asunto desde las primeras manifestaciones. Es infinitamente más fácil corregir a un cachorro de 6 meses que reeducar a un perro de tres años que ya ha sido reforzado varias veces por morder. Es incompresible que alguien espere tres o cuatro años para tratar un problema como éste.

> En la actualidad se habla mucho de razas peligrosas, algunas de ellas, incluso, se prohíben por ley. No existen razas peligrosas, sino dueños irresponsables que no se ocupan de la educación de sus perros. Así como existen ácidos, motosierras, electricidad o máquinas que son potencialmente peligrosas y deben ser utilizadas con precaución y conocimiento, también existen razas con estas características. Los perros son peligrosos a menos que se intervenga de modo activo para cambiar la situación. Si un perro muerde no se debe a anomalías, genética o a causa de maltratos, sino a lagunas en su educación: no ha sido preparado lo suficiente para convivir en el entorno humano. Debemos establecer programas intencionados de aproximación para asegurarnos contra las reacciones de miedo y agresión. Un profesional con experiencia debe guiar a los dueños para alcanzar una educación óptima y así evitar accidentes.

Protección de objetos

Un comportamiento cotidiano y perjudicial es cuando el perro "protege" un objeto en su boca. Huesos, juguetes, plásticos, envolturas de comida, ropa sucia y basura del suelo son algunos de los objetos que suelen llevarse a la boca. Esta protección a veces es compulsiva, pero también pueden creer que el envoltorio de la hamburguesa es importante porque nosotros demostramos interés en ella (si tanto nos importa, algo bueno debe tener). La solución para los perros que protegen objetos es practicar por adelantado situaciones problemáticas. Cuanto antes empecemos, mejor. Debemos practicar el intercambio de objetos para preparar el momento en que realmente tome algo peligroso y debamos sacársele de la boca lo más rápido posible. Si el perro está confiado y relajado, tenemos más probabilidades de que lo suelte. Si está tenso e inseguro, estamos perdidos.

EJERCICIO BÁSICO DE INTERCAMBIO DE OBJETOS

- Le damos al perro un objeto que no intente proteger.

- Decimos "dejalo".

- Retiramos el objeto.

- Sacamos del bolsillo un bocado de comida y se lo damos.

- Le devolvemos el objeto y repetimos la secuencia.

Debemos realizar este ejercicio varias veces al día durante varios días para establecer un buen historial de reforzamiento por entregar el objeto. Luego intentaremos que nos entregue objetos más preciados por el perro, por ejemplo su juguete preferido. Cuanto más "apreciado" sea el objeto, debemos aumentar proporcionalmente el valor del premio que el perro recibe a cambio. Estos refuerzos poco habituales dejan una huella importante.

En la cabeza del perro la información clave debe ser la siguiente: Cuando los humanos te quitan algo, casi siempre te lo devuelven. Este tipo de ejercicios también se pueden aplicar a su comedero, al lugar donde duerme o cuando se apropia de nuestro sillón favorito.

No debemos olvidar que los perros no son buenos generalizando lo que aprenden, así que si tenemos un perro protector con los objetos y mediante estos ejercicios logramos controlarlo, esto no quiere decir que con los extraños no intente proteger los mismos objetos que nosotros podemos sacarle de la boca sin conflictos. Sobre todo, cuidado con los niños. Tener un perro es una gran responsabilidad hacia el perro y hacia el mundo en general. Es importante comenzar a trabajar cuando el perro es cachorro. El cachorro debe tomarse esto como un juego.

Juego brusco con los niños

Existe un mito muy difundido que dice que los niños y los perros son excelentes compañeros. Es posible que el cine y la televisión hayan contribuido mucho a esta idea con sus perros heroicos amigos de los niños. Lo cierto es que cachorros y niños pequeños son una combinación terrible. Los chicos hacen absolutamente todo lo que no hay que hacer a un perro: gritan, gesticulan con los brazos todo el tiempo, se mueven sin parar, se caen y reaccionan de un modo muy divertido (para el perro) cuando éste los muerde. Tienen la habilidad de imitar a la perfección el comportamiento de una presa herida, lo cual despierta todos los comportamientos predatorios de los perros. En realidad, los niños pequeños deberían estar con cachorros y perros bien socializados sólo cuando hay adultos presentes controlando todas sus interacciones. Por lo dicho deducimos que el tema tiene sus complicaciones. Aun así veremos algunos tips.

- Cuando en el transcurso de un encuentro entre un niño y un cachorro veamos que el animal comienza a perder el control, hay que alejar a los niños para que los adultos encaucen la energía del cachorro.

- Lo ideal sería que cualquier tipo de interacción se realizara con un cachorro que posea una excelente socialización (ver Capítulo 2).

- Es fundamental crear en los niños, lo antes posible, la conciencia de lo que significa un perro en nuestra casa. Los riesgos y responsabilidades que implica la tenencia responsable. El perro no es un juguete, es un ser vivo que merece respeto: respeto a sus horas de sueño, comidas y paseos, pero fundamentalmente respeto y conocimiento de su naturaleza.

- Los niños no deben bajo ninguna circunstancia acercarse a perros desconocidos.

- Nunca perder de vista el hecho que los perros generalizan muy mal el aprendizaje. Esto significa que si un cachorro está socializado con niños de seis años, no quiere decir que se comporte de la misma manera con uno de diez o uno de dos años.

Es muy común encontrar perros que se comportan perfectamente con un niño de ocho años. Sus dueños se convencen de que su mascota es un excelente compañero de los niños en general, dejando sin supervisión al animal para futuros encuentros con otros niños. Pues bien, estos dueños se asombran muchísimo cuando el confiable "Max" le gruñe a un niño de tres años. Para "Max", el niño de tres años se comporta de forma totalmente diferente a lo que él está habituado y reacciona como lo haría cualquier perro sano: tratará de alejarse del "pequeño extraterrestre" que no le inspira ninguna confianza, y si el pequeño "E.T." sigue insistiendo en tirarle de la oreja, le gruñirá para alejarlo.

Juegos caninos. Una buena salida para quemar energía.

Las condiciones de domesticidad han hecho que el perro mantenga su capacidad de jugar aunque sea un perro adulto, cosa que no sucede con los lobos, por ejemplo.

Los beneficios del juego son múltiples:

- Es divertido (para el perro y para nosotros).

- Es una de las actividades que más energía excedente quema y una excelente válvula de escape.

- Establecemos la jerarquía de una manera no violenta.

- Enseña reglas.

- Jugar después de una corta sesión de adiestramiento hace que el perro asocie los ejercicios con buenas emociones.

- Es intenso, aumenta la concentración y la confianza del perro.

- Conecta al perro con algo muy arraigado en él (comportamiento de presa).

- Se puede utilizar como refuerzo por obedecer.

- El mayor beneficio radica en la reducción de problemas de comportamiento debido a la falta de estimulación.

REGLAS BÁSICAS DE TODO JUEGO

- Nosotros manejamos el juego.

- Nosotros decidimos cuándo empieza y cuándo termina.

- Nosotros somos los que traemos los juguetes y los llevamos cuando terminamos. No dejemos los juguetes a disposición del perro. Si de verdad le interesan, esto hará que cobren más valor.

¿Cómo jugar?

Jugando con dos pelotas

Necesitamos dos pelotas iguales (las de tenis son perfectas). Es importante no elegir pelotas de tamaño muy pequeño, ya que con los perros grandes corremos el riesgo de que se las traguen. Empezaremos en un lugar seguro, como por ejemplo el jardín o en un parque alambrado. Este juego enseñará al perro a acercarse a nosotros con la pelota en la boca y a dejarla cuando se lo digamos, todo esto sin tocarlo ni forzarlo.

1. Mostramos una de las pelotas, podemos hacerla picar en el suelo hasta que el perro tenga muchas ganas de agarrarla.

2. Tiramos la pelota para que el perro corra y la tome. Cuando lo haga, felicitamos y comenzamos a caminar alejándonos del perro y jugando con la otra pelota. Es muy probable que el perro se acerque a nosotros (si bien las dos pelotas son iguales, siempre es más interesante la que tenemos nosotros).

3. Cuando esté a nuestro lado le mostraremos la otra pelota, pero sólo la tiraremos cuando suelte la que tiene en la boca. En ese momento decimos "¡bien!", tiramos la otra pelota y recogemos la que dejó el perro.

4. Algunos perros son muy posesivos con los juguetes, así que es probable que no suelte la pelota o no quiera acercarse. En este caso, le daremos la espalda, ignorándolo. y nos pondremos a jugar con la pelota haciéndola picar en el suelo o contra una pared (mostrándole lo bien que la estamos pasando con este juego). Esto aumentará las probabilidades de que se acerque y suelte la pelota. En cuanto lo haga decimos "¡bien!" y tiramos la otra pelota. La idea es que el perro entienda que la otra pelota (la que tenemos nosotros) sólo se activará si suelta primero la que él tiene en la boca.

5. Si repetimos esto varias veces notaremos que el perro comienza a dejar la pelota por su cuenta. Este es el momento de incorporar la orden para que la deje. Esperaremos a que el perro se acerque y antes de que la suelte le daremos la orden elegida ("suelta" o "deja"). Cuando lo haga decimos "¡bien!" e inmediatamente tiramos la otra pelota.

Con el tiempo podremos jugar con una sola pelota. El perro soltará la otra sin conflictos y esperará a que se la tiremos otra vez. La regla es no perder la paciencia, no perseguir al perro ni forzarlo si no suelta la pelota las primeras veces. quince minutos de este juego dejarán a nuestro perro tranquilo por varias horas. ¡A divertirse!

GUÍA DE EJERCICIOS BÁSICOS PARA ENSEÑARLE A SU PERRO

Comportamiento genético vs. comportamiento aprendido

Muchos de los comportamientos de nuestros perros apenas necesitan del aprendizaje para desarrollarse plenamente: los perros persiguen objetos que se mueven, realizan vocalizaciones de estrés cuando se quedan solos, saludan compulsivamente a toda persona o perro nuevo que conocen, tratan de comer toda la comida que sea posible, hacen pis lejos de donde duermen, etc., sin que exista un historial previo de reforzamiento. El resto de su comportamiento es producto del aprendizaje. El problema reside en que la mayoría de los comportamientos que deseamos pulir o eliminar están fuertemente arraigados en sus genes. Tenemos que canalizar y suavizar tanto el instinto de persecución como los juegos bruscos, las vocalizaciones de estrés, su voracidad, etc. Como si esto fuera poco, la mayoría de los comportamientos que sí deseamos que aprendan no vienen en sus genes: sentado, echado, aquí, junto (todos ellos a la orden) son, desde la perspectiva del perro, comportamientos inútiles, estúpidos e irrelevantes… a menos que nosotros hagamos que valgan la pena.

Habilidades para el adiestramiento

Todos los principios de aprendizaje y las técnicas que hemos visto en los capítulos anteriores funcionan muy bien en teoría y en los laboratorios. Con un perro real, que se mueve todo el tiempo y no para de abalanzarse contra todo lo que se mueva, la situación se complica. El mayor problema radica en la habilidad que tenga una persona para aplicar todo este conocimiento en la vida real.

A las personas que llegan a ser buenas adiestradoras, además de gustarles los perros, les gusta el adiestramiento. Quizás no tengan habilidades naturales, pero el amor por el adiestramiento los hará mejorar a largo plazo, ya que invertirán mucho tiempo en conocer a fondo la materia. Veamos algunos tips para mejorar nuestras habilidades:

Reforzar las conductas

El primer paso es reconocer que nuestra función principal en las sesiones de obediencia es la de reforzar conductas y no dar órdenes. Olvidemos la búsqueda de la entonación adecuada, la utilización de la palabra correcta, etc. Nuestra misión es crear, reconocer y reforzar cada conducta deseada en todas y cada una de las oportunidades que sea posible. La orden es sólo una señal que aparecerá después. No podemos dar la orden para una conducta que todavía no se ha adiestrado.

La comida como refuerzo

Debemos dejar de dar comida "gratis" a nuestro perro y empezar a usarla como refuerzo durante el adiestramiento. Debemos sacar el mayor provecho posible al más potente de los reforzadores que existe para el adiestramiento. Es importante dejar de lado los prejuicios que tengamos respecto a la comida. Muchas personas tienen la fantasía de que el perro debe obedecer simplemente porque somos sus dueños y que si trabajamos con comida siempre va a esperar que le demos algo. En estos casos es bueno preguntarse: ¿Trabajaríamos si no tuviéramos un cheque esperándonos a fin de mes? A no engañarse, estamos condenados al fracaso si esperamos competir con el resto del entorno utilizando únicamente nuestro "encanto personal". Es importante entender que la utilización de comida no degrada ni envilece los lazos que hemos establecido con nuestro perro.

La importancia del timing

Debemos ser conscientes del instante en que tenemos que reforzar (timing). Es importante entregar un refuerzo perfectamente y en el instante preciso. Lo más difícil es hacerlo con los perros que se mueven muy rápido y son jóvenes. Es importante mantener el ritmo dentro de una sesión de adiestramiento, ya que de esta manera no perderemos la atención del perro. Perder la atención del perro después de realizar un ejercicio es muy común y es necesario tiempo y energía para que vuelva a concentrarse. Los adiestramientos deben ser intensos y el objetivo es que el perro preste atención durante el trascurso de la sesión.

Mantener la calma

Es necesario mantener la calma cuando adiestramos. Jamás tomemos como algo personal los errores del perro. Si los sentimientos irrumpen en una sesión de adiestramiento nos volveremos lentos e imprecisos. Recordemos en todo momento que, cuando adiestramos, nuestro trabajo consiste en condicionar comportamientos, sólo eso.

La motivación

Tengamos siempre presente durante todo el adiestramiento el nivel al que debe llegar el perro para alcanzar el refuerzo. Debemos ir aumentando gradualmente el nivel de dificultad durante el adiestramiento y culminarlo con la conducta que fijamos como objetivo. No iniciemos el entrenamiento con un nivel de motivación baja. Sin motivación, el adiestramiento es inexistente, ya que provoca conductas y esto es lo que necesitamos para reforzar. En la adquisición de estas habilidades hay tres puntos que son muy importantes:
1. Capacidad para reconocer una conducta reforzable.
2. Capacidad para obtener una conducta reforzable
3. Capacidad para reforzar la conducta obtenida en el instante preciso.

SENTADO
(nivel inicial)

I. Tomamos la correa con la mano izquierda sosteniéndola floja, evitando ejercer cualquier tipo de presión sobre el perro para que se siente. Sólo tendremos puesta la correa para evitar que se aleje y se distraiga. En la mano derecha tendremos algo de comida (si es alimento balanceado, bastará con cinco granos). Es importante no tomar gran cantidad de comida, ya que las posibilidades de que se caiga al piso son grandes y con esto solo lograremos que el perro este más concentrado en el piso que en nuestra mano.

2. Con la mano derecha cerrada le permitiremos oler la comida.

3. Cuando logremos que su atención esté centrada en seguir la mano, la moveremos lentamente sobre la cabeza del perro de tal manera que tenga que levantar la cabeza para seguir la comida. Si seguimos con el movimiento hacia atrás, a la mayoría de los perros les resultará más cómodo sentarse para seguir haciendo contacto con la comida.

4. En el preciso instante en que apoye la cola en el piso decimos "¡bien!", abrimos la mano y lo dejamos comer. Es importante que el perro coma mientras está sentado. Debemos imaginarnos que el perro nos está adiestrando a nosotros par que abramos la mano cuando se sienta.

Damos un paso para atrás y repetimos la secuencia. En esta primera sesión serán suficientes entre 5 y 10 repeticiones y en ningún momento debe darse la orden de "sentado".

DIFICULTADES POSIBLES

En vez de sentarse, el perro camina para atrás o salta:
Una solución posible es tomar la correa bien corta (cerca del collar) para bloquear esos movimientos. De esta manera y moviendo la mano cerca de la nariz del perro, lograremos que se siente, decimos "¡bien!" y reforzamos (abrimos la mano y le permitimos comer).

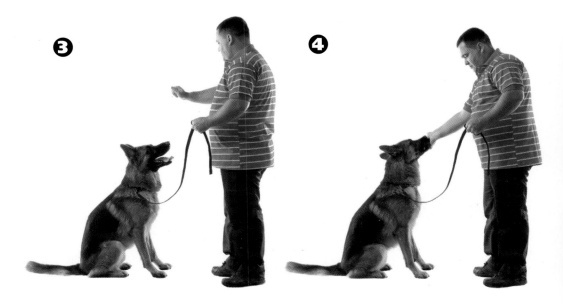

SENTADO
(nivel intermedio)

Tenemos un perro que, ante la señal con comida en la mano, se sienta. Esto ha sido practicado durante por lo menos dos días, varias veces por día (entre cinco y diez repeticiones cada vez). Muy importante: reforzar el 100% de las veces.

1. El siguiente paso es poner la comida en el bolsillo.

2. Con la mano vacía, daremos una señal clara para que se siente.

3. Cuando lo haga, decimos "¡bien!"

4. Le damos la comida que tenemos en el bolsillo.

Le damos una porción extra porque se sentó sin que aparentemente existiera comida a la vista.

Esto refuerza en la cabeza de nuestro perro la noción de que su comportamiento tiene como resultado el refuerzo y esto no depende de ningún modo de si el refuerzo estaba a la vista o no. Por eso el refuerzo de mejor calidad lo obtiene cuando no está a la vista. Este es un punto crucial. Si no obtenemos una respuesta fiable sin comida a la vista estamos creando un perro que solo hace las cosas cuando tenemos comida en la mano. Debemos lograr que nuestro perro crea ciegamente reforzando sistemáticamente las respuestas con la mano vacía. Cuando la respuesta a la mano vacía es instantánea podemos pasar al siguiente nivel.

DIFICULTADES POSIBLES

El perro tiene ganas de comer pero no podemos lograr que se siente:
En este caso, deberemos bajar el nivel de exigencia y le daremos de comer un grano de balanceado cada vez que toque nuestra mano con su nariz. Con esto condicionaremos al perro a que tiene que hacer algo para tener acceso a la comida. Al día siguiente podremos intentar que se siente. Posiblemente le resulte más fácil, ya que se ha producido una asociación entre hacer algo y obtener comida.

A nuestro perro no le interesa la comida:
Podemos probar con algo que le guste más para aumentar la motivación, como pollo, salchichas, etc. Si aun así tenemos un perro con pocos deseos de comer, podemos saltear una de las raciones de comida del día. La privación aumenta la motivación.

SENTADO
(nivel avanzado)

En esta fase asociaremos la orden "sentado" con el comportamiento. Procederemos de la siguiente manera:

- Decimos la orden "sentado" antes de dar la señal con la mano. La palabra "sentado" es la novedad y por eso siempre irá adelante en la secuencia.

Secuencia:

1. Orden verbal "sentado" o "sit".

2. Señal con la mano.

3. El perro se sienta. Decimos "¡bien!".

4. Reforzamos.

Debemos asegurarnos de dar la orden verbal antes de la señal con la mano (la mayoría de las personas lo hacen en forma simultánea). Si lo hacemos al revés, la orden conocida (señal con la mano) bloqueará la orden nueva que estamos tratando

de introducir. Reforzaremos varias veces de esta forma para pasar después a la fase siguiente. Daremos la orden "sentado" y después esperaremos con la comida en el bolsillo. Es probable que el perro se quede parado o intente algunas conductas alternativas (ladrar, dar la pata, etc.). No debemos dejar que ninguna de estas conductas le dé resultado. Esperaremos 20 o 30 segundos y repetiremos la orden; si no se sienta, repasaremos el proceso inicial: dar la orden, señal con la mano y el refuerzo después de sentarse un par de veces para refrescarle qué es lo que da resultado. Si lo hacemos bien le estaremos enseñando a nuestro perro que preste especial atención a la orden.

Programa de reforzamiento

Después que tengamos condicionada la orden verbal con el comportamiento (es decir, cada vez que decimos "sentado" el animal se sienta) pondremos a nuestro perro en un programa de reforzamiento. Para empezar, reforzaremos tres de cada cuatro "sentado" y después reduciremos más y más hasta por lo menos la mitad. En este proceso podemos también aumentar el nivel de exigencia y, ya que algunas veces no vamos a reforzar, elijamos para hacerlo aquellas en que lo haga mejor (más rápido, más nítido, más lindo, etc.). Otro nivel de dificultad consiste en variar el nivel de distracción, variar la ubicación y los entornos, distancia con respecto al perro, etc. Cuanto más creativos seamos, más confiable se volverá el ejercicio.

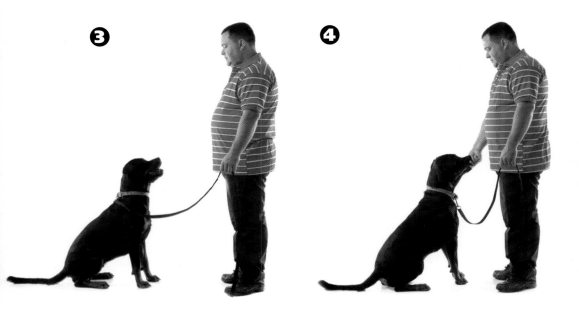

ECHADO
(nivel inicial)

A esta altura nuestro perro ya sabe sentarse, de modo que comenzaremos desde aquí pidiéndole que se siente (podemos reforzar el sentado con un poco de comida).

1. Mientras el perro está sentado, pondremos nuestra mano pegada a su hocico.

2. La bajaremos hacia el suelo en línea recta, tratando de que el perro nos siga con su cabeza.

Si nuestro perro es un cachorro, seguramente se echará en el primer o segundo intento; con perros más tímidos o desconfiados puede llevar un poco más de tiempo. Lo importante es que el perro sólo pueda acceder a la comida cuando está en la posición deseada. Cuando lo logremos, decimos "¡bien!" y reforzamos dejando que coma de nuestra mano.

Otra posibilidad es sentarnos en el suelo con algo de comida en la mano y doblar una de nuestras rodillas de tal manera que formemos una especie de túnel con la pierna. Cuando el perro intente tocar la mano que tiene la comida lo incitaremos a que pase por debajo del túnel; no le quedará otra opción que echarse si quiere seguir la comida con la nariz y la boca pegada a nuestra mano. Inmediatamente después que el perro se encuentre echado, decimos "¡bien!" y reforzamos. Después de varios intentos tendremos un perro que se lanza con mucho entusiasmo hacia el suelo para que la mano se abra y le permita comer. Repetimos la secuencia (Entre cinco y diez veces). Recuerden: en esta etapa no se dan órdenes.

Puede pasar que, cuando bajamos nuestra mano con la comida, en vez de echarse el perro se ponga de pie. Una posible causa de esto es que en vez de bajar la mano en línea recta hacia el suelo estemos moviendo la mano en diagonal hacia delante. El perro, lógicamente (los perros son muy lógicos), se levantará para seguir la mano con la comida. Es importante bajar la mano siempre recta hacia el suelo y pegada al pecho del perro.

Cuando nuestra mano con comida se encuentra en el suelo el perro acecha la mano, trata de morderla, ladra o la toca con la pata. Simplemente debemos esperar a que se eche, no hay que prestar atención a ningún otro comportamiento, ya que irán desapareciendo si no dan resultado. El perro terminará echándose, diremos "¡bien!" y reforzaremos. A medida que transcurran los ensayos, comenzará a echarse más rápidamente. El perro se está haciendo más eficiente: pedirle la comida a tu mano con la boca o la pata no ha dado resultado nunca, entonces se echa. Echarse ha sido la estrategia más exitosa para que nuestra mano se abra; las otras quedan descartadas después de algunos intentos.

ECHADO
(nivel intermedio)

Siempre que introducimos una dificultad pensemos que nuestro perro pueda resolverla. Hasta este momento siempre que decíamos "platz" muestra mano bajaba hasta el suelo con la comida. Es el momento de hacer que la comida desaparezca.

I. Al igual que en el ejercicio de sentado, empezaremos poniendo la comida en el bolsillo. Hacemos la seña hacia el suelo como cuando teníamos la comida en la mano, el perro se echa, decimos "¡bien!",

2. Sacamos la comida del bolsillo y reforzamos con algo que le guste mucho. Recuerden que el refuerzo de mejor calidad siempre aparece cuando no está a la vista.

❶

❷

ECHADO
(nivel avanzado)

Nuestro perro ya sigue nuestra mano y se echa, este es el momento de incorporar la orden verbal ("platz", "echado", "down"... ustedes eligen).

La secuencia es la siguiente:

- Orden verbal ("platz").

- Señal con la mano hacia el suelo.

- El perro se echa.

- Decimos "¡bien!" y reforzamos.

También en esta etapa comenzaremos a desvanecer la señal de nuestra mano. La secuencia es la siguiente:

- Orden verbal.

- Bajamos nuestra mano a media altura (no hasta el suelo)

- El perro se echa.

- Decimos "¡bien!" y reforzamos.

Puede suceder que no se eche. En ese caso esperamos un segundo, decimos "No" (sin enojarnos, este "no" es sólo a título informativo para que entienda que esta conducta no lo llevará al refuerzo), haremos que nuestro perro se siente y comenzaremos de nuevo hasta que lo logre, decimos "¡bien!" y reforzamos. Después de dos o tres repeticiones exitosas, liberamos a nuestro perro y jugamos con él.

El paso siguiente es similar al anterior:

1. Orden verbal.

2. Omitimos la seña y esperamos un segundo.

3. El perro se echa.

4. Decimos "¡bien!" y reforzamos.

Si el perro no se echa, nuevamente decimos "No", hacemos que se siente y empezamos de nuevo hasta que lo logre. Decimos "¡bien!" y reforzamos.

Con dos o tres repeticiones exitosas podemos liberar a nuestro perro y jugar.

Cuando logremos que el perro se eche sólo con la orden, estamos en condiciones de poner al ejercicio en un programa de reforzamiento. Aquí nos manejaremos como en el ejercicio anterior (sentado) y, cuando el programa de reforzamiento se encuentre instalado, comenzaremos con los niveles crecientes de distracciones. Recuerden ser lo más creativos que sea posible y gradúen el nivel de dificultad (no salten de a cuatro escalones juntos).

Es importante recordar que, cuando introducimos una dificultad, hay que volver atrás el programa de reforzamiento hasta que la dificultad sea superada. Esto significa que si estábamos reforzando la mitad de las veces que se echaba en un entorno sin distracciones, cuando incorporemos una distracción tendremos que volver a reforzar el 100% de las veces hasta que la distracción no sea tal. Sólo en ese momento pondremos a este nuevo comportamiento en un programa de reforzamiento del 50%.

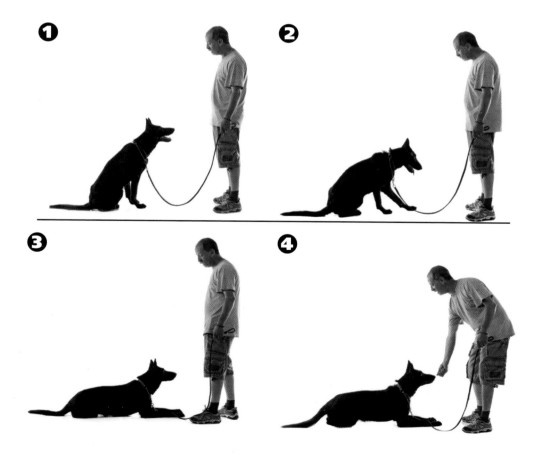

QUIETO O QUEDATE
(nivel inicial)

Aquí partiremos de un perro sentado o echado. La consigna es la inmovilidad.

- Cuando el perro se encuentre sentado o echado pondremos la comida a la altura de su nariz y procederemos a alejarla.

- Al primer amague de moverse diremos "No". Jamás dejaremos que, para el perro, moverse sea un comportamiento exitoso. A nuestro perro no le quedará otra opción que cambiar de estrategia.

- El plan "B" suele ser la inmovilidad. Reforzaremos inmediatamente el primer intento de quedarse en la posición que le ordenamos que tome diciendo "¡bien!" y acercamos la mano con la comida. Las primeras veces deberá quedarse quieto por lo menos medio segundo, pero este tiempo debe alargarse rápidamente hasta 5 o 10 segundos sin cambiar de posición.

- En esta oportunidad incorporaremos un nuevo elemento después de reforzar la inmovilidad: dar por terminado el ejercicio. Esto no significa reforzar. Decir "¡bien!" y premiar con comida es reforzar. Incorporaremos una señal que le indique al perro que el ejercicio de quedarse quieto ha terminado y que puede volver a moverse.

- Sugerencia de órdenes para dar por terminado el ejercicio:

¡Ok!
¡Terminado!
¡Libre!

No es tan importante que palabra se utilice, siempre y cuando sea siempre la misma y se use en el momento correcto. Incorporar este nuevo elemento es importante en los ejercicios de larga duración, ya que en algunos casos reforzaremos la inmovilidad, pero es posible que necesitemos que nuestro perro no abandone esa posición.

La secuencia para el adiestramiento será:

Cuando sale bien

1. Orden de sentarse o echarse.

2. El perro se sienta o se echa. Premio verbal ("¡bien!").

3. Orden de "quieto". El perro se queda quieto.

4. Reforzamos el quieto ("¡bien!" + comida).

Prolongamos el ejercicio unos segundos más o damos por terminado el ejercicio ("¡Ok!", "¡Libre!" o la orden que hayan elegido para liberar al perro).

Cuando sale mal

• Orden de sentarse o echarse.

• El perro se sienta o se echa.

• Premio verbal ("¡bien!").

• Orden de "quieto".

• El perro trata de levantarse.

• Marcamos el error ("No").

• Repetimos el ejercicio.

Es importante asegurarse de dar la orden de "Quieto" una sola vez y después dedicarnos con la máxima concentración posible a que nuestro perro se entere del resultado de sus acciones. Debemos practicar este ejercicio en tantos lugares como se pueda para lograr que generalice rápidamente el hecho de que debe permanecer inmóvil en cualquier situación. Para ello, variaremos la posición de nuestro cuerpo. Dejaremos caer algo de comida al suelo fingiendo que fue de modo casual (debemos estar muy atentos y ser rápidos para evitar que el perro alcance la comida); si el perro se mueve, marcamos el error ("¡No!") y empezamos otra vez para reforzar inmediatamente cuando nuestro perro dé la primera muestra de autocontrol. Este ejercicio puede practicarse en el momento en que el perro recibe su ración diaria: le pedimos que se siente y que se quede quieto antes de poner la comida en el suelo. Para empezar a comer, deberá esperar hasta que demos por terminado el ejercicio con nuestra palabra clave (por ejemplo, "¡Ok!").

Cuando nuestro perro sea capaz de mantenerse quieto mientras andamos a su alrededor durante, digamos, 30 segundos, pondremos este comportamiento bajo un programa de reforzamiento y lo intentaremos en otros entornos para lograr que generalice. Es absolutamente normal y esperable que se produzca una regresión cada vez que introducimos una situación nueva. Cuando esto suceda, debemos volver a adiestrarlo, aunque esta vez será más rápido que anteriormente. Es importante evitar los entornos con demasiada distracción ambiental.

QUIETO O QUEDATE
(nivel intermedio)

El objetivo aquí es que nuestro perro permanezca quieto durante un minuto o dos a una distancia de diez metros. Utilizaremos dos parámetros:

1. La duración (uno o dos minutos).

2. La distancia (10 metros).

Debemos trabajarlos por separado para poder combinarlos después. En primer lugar, trabajaremos la duración a una distancia muy corta. Pasaremos de los 30 segundos del nivel inicial a 45, después 60 y así sucesivamente, siempre reforzando en forma constante. Si en algún paso de este proceso el perro no mantiene la posición, tendremos que intentarlo varias veces en ese nivel. Tratemos siempre de que nuestro perro tenga éxito antes de finalizar la sesión. Necesitaremos de mucha paciencia y varias sesiones hasta que logremos que se quede quieto durante varios minutos en cualquier lugar. Cuando lo haga en forma confiable, pondremos al ejercicio bajo un programa de reforzamiento y estaremos listos para trabajar la distancia.

• Cuando se trabaja la distancia tenemos que hacerlo a la inversa del punto anterior, es decir, durante un corto periodo de tiempo. Nos separaremos del perro hasta una distancia inicial de dos metros e, inmediatamente, volveremos a él y lo reforzaremos. Si el perro se mueve antes de tiempo decimos "¡No!" y volvemos a intentar. Si lo hace, decimos "¡bien!" y reforzamos.

• Intentaremos que, por lo menos dos veces seguidas, el perro se quede quieto en este nivel de dificultad antes de pasar al siguiente. La frustración de nuestro perro quiere decir que estamos avanzando demasiado rápido.

• Aumentaremos progresivamente la distancia hasta lograr los diez metros. Cuando esto ocurra pondremos el ejercicio bajo un programa de reforzamiento y empezaremos a combinar la distancia y la duración.

• Comenzaremos suavemente dejando al perro echado o sentado durante veinte segundos a tres metros de distancia, reforzando en forma constante. Para aumentar la dificultad (más distancia y más tiempo), aumentaremos un elemento y, si todo sale bien, lo haremos con el otro. Cuando el perro sea capaz de permanecer dos minutos a nueve metros pondremos al ejercicio bajo un programa de reforzamiento y comenzaremos a cambiar de lugar.

QUIETO O QUEDATE

(nivel avanzado)

En esta etapa, el objetivo es que el perro mantenga la posición en presencia de distracciones, como por ejemplo otros perros, personas caminando, niños jugando, gatos, pelotas que pasan raudamente frente a él, etc. Hay que trabajar cada una por separado y reduciendo al principio la duración y la distancia al máximo.

- Volveremos a trabajar con nuestro perro, otra vez de cerca, reforzando cada vez que ignore las distracciones. Debemos comenzar con distracciones simples, tales como mover nuestras manos o dar saltos cerca del perro. Si mantiene la posición decimos "¡bien!" y reforzamos; si se mueve, decimos "¡No!" y comenzamos de nuevo.

- Si logramos que haga un par de repeticiones seguidas aumentaremos el nivel de exigencia saltando o agachándonos. El perro debe entender lo más claramente posible que lo único que lo autoriza a moverse es nuestra palabra clave ("Ok", "Terminado", "Libre", etc.). Cuando no preste atención a la distracción y permanezca en la posición, volvemos al perro y reforzamos. Si se mueve, marcamos el error y volvemos a empezar.

> Nunca se debe aumentar la dificultad hasta que el perro haga a la perfección el ejercicio por lo menos dos veces. Aumenten las distracciones en forma gradual y sean creativos: tírense al suelo, revoleen pelotas para todos lados, tiren juguetes, hagan que personas extrañas pasen cerca del perro. Todo esto debe hacerse en forma gradual y siempre reforzando cada nivel de dificultad. Si no logran superar algún nivel de dificultad, revean el adiestramiento y vuelvan al lugar en que salían bien las cosas. ¡Éxitos con este nuevo desafío!

RESPONDER AL LLAMADO
(nivel inicial)

Si bien este ejercicio fue puesto en cuarto lugar, es de vital importancia enseñar a nuestro perro a responder al llamado desde el primer día. Aunque nuestro perro sepa mil trucos, si no viene cuando lo llamamos no tenemos nada. En cambio, si acude a nuestro llamado sabemos que tenemos control sobre él. La llamada es un ejercicio que se debe construir desde el primer día de nuestro cachorro en casa. Si lo hacemos bien y seguimos algunas reglas, es fácil y nuestro perro se volverá loco por acercarse a nosotros cuando escuche "vení".

Reglas básicas

Hacer un refuerzo (comida, juego, caricias, etc.) cada vez que llamamos al perro y se acerca a nosotros, Esto es ley: aunque el perro haya roto algo, si se acerca cuando lo llamamos, siempre debe haber un refuerzo. Jamás retamos al perro cuando venga hacia nosotros. Debe aprender que nada malo puede pasarle si está cerca nuestro. Si aplicamos algún tipo de castigo en este momento, el cachorro dudará antes de acercarse. Nunca daremos la orden "vení" cuando el perro no esté en condiciones de cumplirla. No debemos malgastar una orden, estaríamos enseñando a nuestro perro que hay situaciones en las que, sin consecuencias para él, puede no venir cuando lo llamamos.

I. Comenzaremos con comida en nuestra mano derecha y el perro delante de nosotros. Decimos "vení", abrimos la mano y lo dejamos comer. Repetimos varias veces para crear la asociación entre la palabra "vení" y la comida.

2. El segundo paso consiste en caminar hacia atrás y decir "vení".

3. Cuando el perro lo hace, decimos "¡bien!", abrimos la mano y lo dejamos comer.

RESPONDER AL LLAMADO
(nivel avanzado)

1. Más adelante podremos dejar a nuestro perro sentado o echado,
2. Nos alejamos unos pasos
3. Esperamos unos segundos y lo llamamos. Orden ("vení").
4. El perro se acerca. En cuanto el perro se levante para acercarse decimos "¡bien!",
5. Cuando llega delante nuestro le pedimos que se siente.
6. Reforzamos con comida.

Después de varias repeticiones exitosas debemos poner el ejercicio en un programa de reforzamiento. Comiencen a trabajar con distracciones en diferentes lugares y obtendrán así un perro súper obediente. Cuando este ejercicio esté lo suficientemente consolidado trabajaremos con distracciones fuertes. Si entrenamos con dificultades y distracciones crecientes, llegaremos a tener un perro al que no le importará pagar el precio de dejar de hacer algo interesante para acudir a nuestro llamado.

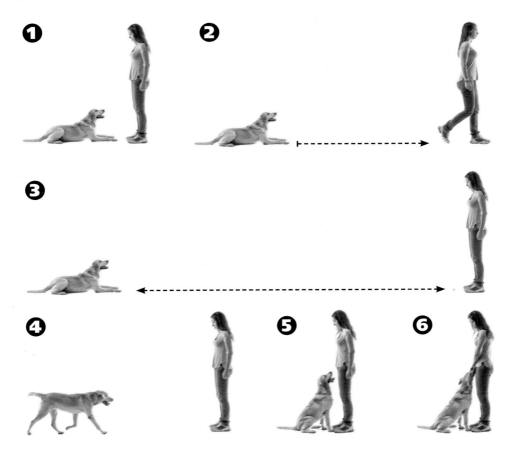

"A TU LUGAR"

Es un ejercicio muy práctico y muy fácil de entrenar. Comenzaremos colocando una alfombra, una manta o sencillamente una caja de transporte en un lugar de la casa en donde queremos que nuestro perro pase algunos minutos por algún motivo en particular. Colocamos una correa y tomamos comida con la mano derecha y la correa con la mano izquierda. Haremos que el perro siga la comida en nuestra mano y lo guiaremos hasta el lugar donde colocamos la alfombra, manta o caja. Cuando el perro tenga todo su cuerpo dentro de la alfombra decimos "¡bien!" y reforzamos con comida.

Después de varias repeticiones durante al menos dos días, empezaremos a no tener comida en la mano y a guiarlo con la mano vacía. Otra vez, cuando todo el cuerpo del perro se encuentre dentro del lugar deseado, decimos "¡bien!" y reforzamos.

En una etapa posterior condicionaremos la orden ("A tu lugar").

Secuencia

1. Orden ("A tu lugar"). Guiamos con la mano hasta el lugar deseado.

2. Decimos "¡bien!".

3. Reforzamos.

Después será tiempo de desvanecer la señal y trabajar la distancia desde la cual le pedimos que se ubique en su lugar. Ésta debe ser gradual y no olviden poner cada comportamiento aprendido en un programa de refuerzo.

"CAMINAR JUNTO" (FUSS)
(nivel inicial)

El objetivo de este ejercicio es que nuestro perro camine del lado izquierdo con la cabeza y los hombros a la altura de la costura del pantalón. Además, deberá sentarse cada vez que nos detengamos y prestarnos atención con un paso alegre y elegante.

Antes de comenzar con la descripción del ejercicio es conveniente hacer algunas aclaraciones:

- Este ejercicio deberá practicarse durante bastante tiempo antes de que nuestro perro llegue a caminar en la posición de junto durante los paseos.

- Es importante que nuestro perro ya sepa caminar con la correa sin tirar (ver capítulo 3). Debemos enseñar a nuestro perro a ir en junto y caminar con la correa floja por separado.

- Caminar en junto es un comportamiento muy complejo que tendremos que practicar durante meses antes de que nuestro perro lo realice con precisión. Conseguir que generalice este comportamiento a todas las situaciones de la vida real en un paseo nos llevará más tiempo aún.

- A los perros, en general, les cuesta seguir nuestro paso, por ello no debemos pretender que lo haga continuamente durante los paseos, sobre todo cuando acaba de empezar a practicarlo fuera de la casa. Con el tiempo podremos exigirle que lo realice durante varios minutos mientras atravesamos un lugar

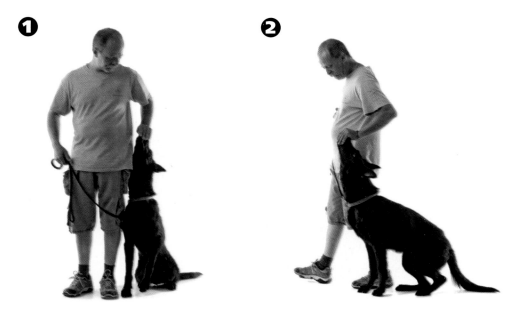

❶   ❷

que tenga muchas personas caminando, o cuando cruzamos la calle; el resto del tiempo les aconsejamos que el perro camine con la correa sin tirar, de esta forma tendrá cierta libertad para olfatear el suelo.

- No hay que olvidar que caminar con la correa sin tirar y caminar en junto son dos ejercicios separados. La posición de junto la trabajaremos durante las sesiones de adiestramiento; caminar con la correa sin tirar es algo que se adiestra durante los paseos desde el primer día.

Necesitaremos un perro que conozca el ejercicio "sit" (sentado) y collar fijo, correa de 1,50 mts., y comida para reforzar.

1. El objetivo en este nivel es lograr que nuestro perro siga nuestra mano con comida en la posición de junto y se siente cuando nos detengamos.

2. Para esto sostendremos la comida en nuestra mano izquierda a la altura de nuestra cadera (si es un perro de tamaño grande) o a la altura de nuestra rodilla (si es un perro pequeño).

3. Es importante que el perro aprenda a seguir nuestro cuerpo al mismo tiempo que sigue nuestra mano. Caminaremos unos pocos pasos dejándolo comer cada dos o tres pasos.

4. Si nos sigue de la forma deseada nos detendremos y haremos una señal con la mano hacia atrás para que se siente; cuando lo haga decimos "¡bien!" y reforzamos. Debemos lograr que el perro se siente derecho (paralelo a nuestro cuerpo). No debemos olvidar que la tendencia del perro será la de girar su cuerpo para ponerse frente a nosotros, ya que en la mayoría de los ejercicios anteriores la comida siempre llegó a él con nosotros de frente.

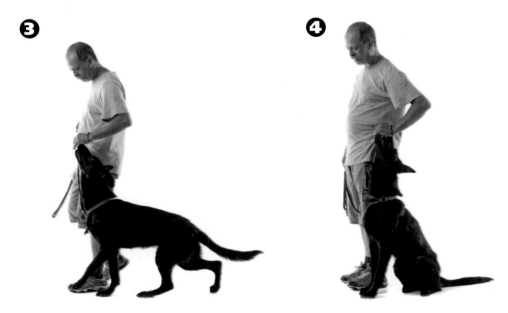

En este momento hay dos cosas muy importantes:

- Asegurarnos de que nuestros hombros estén rectos y que en ningún momento nos giramos hacia el perro. Debemos crear en la cabeza del perro la imagen de nuestro cuerpo mirando hacia adelante sin girarse hacia él, y que es esta imagen la que lo premia.

- Cada vez que premiamos, lo haremos siempre en el mismo lugar, es decir, a la altura de nuestra cadera. Esta es una parte importante del secreto del éxito. Bajo ningún concepto debemos darle motivos a nuestro perro para buscar el premio en otro lugar (ni en el suelo, ni delante de su cabeza, ni atrás, ni a un costado). Siempre el reforzador estará en el mismo lugar.

Si hacemos las cosas bien, en esta etapa tendremos a nuestro perro siguiendo nuestra mano y nuestro cuerpo con su cabeza y su cola en alto, con un paso alegre y enérgico. Debemos practicar muchas veces para pasar a la siguiente etapa. Si no establecemos una sólida base en este punto, cuando tengamos que pasar al siguiente nivel, el ejercicio se desmoronará. Terminaremos cada sesión de entrenamiento cuando veamos que el perro lo está haciendo mejor y lo liberaremos con una palabra clave (ver ejercicio "Quieto"); luego jugaremos con él. Esto hará que asocie el ejercicio con buenas emociones.

"CAMINAR JUNTO" (FUSS)

(nivel intermedio)

El objetivo en este nivel es que nuestro perro mantenga la posición de junto mientras empezamos a eliminar nuestra mano a la altura de la cadera, se siente cuando nos detengamos, mantenga la atención constate en el guía e incorporar el comando (orden) de "Junto" o "Fuss". En el nivel anterior nuestro perro seguía nuestra mano mientras caminábamos; estamos en condiciones, entonces, de quitar ayudas de la siguiente manera:

1. Decimos el comando "Junto" o "Fuss" mientras caminamos con nuestro perro siguiendo nuestra mano izquierda a la altura de la cadera; esperaremos el momento en que el perro esté más entusiasmado y elevaremos nuestra mano izquierda hasta la altura de nuestro hombro por unos segundos (1 paso o 2); diciendo "¡bien!", bajaremos rápidamente la mano hasta la cadera y reforzaremos. La idea es que nuestro perro entienda que si la comida se aleja es algo bueno. Siempre le daremos la comida inmediatamente después de haberla alejado de su nariz. Debemos practicar este paso varias veces.

2. Si nuestro perro deshace la posición en el momento en que retiramos la mano con la comida, debemos volver al nivel inicial y practicar más. Si no cambia la posición a medida que alejamos la comida, el siguiente paso es aumentar la duración (tiempo) en esa posición. Trataremos de ir alargando la cantidad de segundos que le pedimos que se quede en esta posición y reforzaremos en la misma forma en que lo hacíamos para el ejercicio "Quieto".

3. Es muy importante realizar sesiones cortas e intensas y terminar en el momento en que mejor ha hecho el ejercicio, para luego liberarlo y jugar con él.

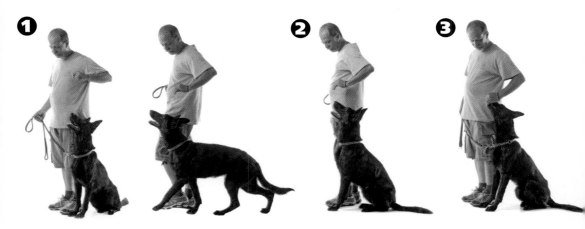

"CAMINAR JUNTO" (FUSS)
(nivel avanzado)

El objetivo en este nivel es lograr que nuestro perro mantenga la posición de junto durante más de un minuto, sin ayudas corporales (nuestra mano con comida a la altura de la cadera). Para ello hay que seguir con el proceso iniciado en el nivel anterior. Ahora, en lugar de desvanecer la ayuda corporal, la eliminaremos completamente durante varios segundos antes de reforzarlo.

1. Comenzaremos con nuestro perro sentado a nuestra izquierda. Damos el comando (orden) "Junto" o "Fuss" y caminamos reforzando como en el nivel anterior (solo estamos haciendo este ejercicio a modo de calentamiento). Cuando veamos que nuestro perro está concentrado, retiraremos la mano y la colocaremos a la izquierda de la cabeza del perro.

2. Si al caminar nuestro perro mantiene el foco y la posición de junto decimos "¡bien!", llevamos rápidamente la mano a la altura de la cadera y reforzamos, si no lo hace, diremos "no" y daremos unos pequeños tirones en la correa hasta que haga foco en nuestra cadera. En el preciso momento en que haga foco dejamos de molestarlo con la correa, decimos "¡bien!", volvemos rápidamente nuestra mano a la cadera y reforzamos.

   - Cuando nuestro perro estabilice la posición de junto a pesar de no contar con la ayuda corporal, estamos en condiciones de aumentar la duración del tiempo que le exigiremos esta conducta. Lo haremos muy gradualmente para evitar que el ejercicio se desmorone.

   - Cuando tengamos un junto confiable en entornos sin distracciones podremos practicarlo en otros lugares. Debemos estar preparados para las regresiones y volver atrás con las ayudas cuando sea necesario. Elevaremos gradualmente el nivel de exigencia en entornos con muchas distracciones.

El ejercicio que acabamos de describir es el más complicado para nuestro perro. Pongámonos en su lugar y veamos que son muchas las cosas que le exigimos en este ejercicio: una posición corporal determinada, una concentración constante, el foco en un lugar preciso, que no se adelante, que no se retrase, que no se aleje y, como si esto fuera poco, se lo exigimos durante mucho tiempo y sin refuerzo alguno. Para nuestro perro y para nosotros es igual que hacer malabares con muchas pelotas en el aire. Por lo tanto, debemos ser muy cuidadosos y exigir en forma gradual todos y cada uno de estos comportamientos.

La generalización de este ejercicio en distintos entornos puede ser lo más frustrante para un adiestrador principiante, ya que parecería que el comportamiento que tanto nos costó construir y que era tan confiable en un lugar determinado, se desintegra cuando estamos en otro lugar. Es muy tentador adjudicar esta falla a un defecto de nuestro perro o a su raza, cuando en realidad es un fenómeno muy común en el aprendizaje animal. Tranquilos: que esto suceda es la regla, no la excepción.

A NUESTROS LECTORES

La vida de las personas nunca es igual después de haber tenido un perro. La huella que deja su paso es imborrable. Lo que más disfrutamos de vivir con un perro es la creación de un vínculo que es único e irrepetible. Es nuestro deseo que este libro los ayude a tener una mejor relación con sus perros, a entenderlos mejor y a disfrutar de este vínculo.

A no impacientarse si en un principio las cosas no salen bien (recuerden que el perro no tiene la culpa). Las claves son dos: constancia y tranquilidad. Así los resultados no tardarán en llegar. Al fin y al cabo, no queremos un campeón de obediencia en la casa, sólo queremos que venga cuando lo llamamos, jugar con él y practicar los ejercicios que le enseñamos. Los invitamos a seguir nuestros consejos y tendrán un compañero que querrá compartir momentos junto a ustedes.

Les agradecemos haber leído este libro. Para nosotros significa que desean llevar su relación con sus perros a otro nivel, donde es posible una comunicación más efectiva y, donde por primera vez, ocurre un hecho fascinante y genial: ustedes y sus perros hablarán el mismo idioma.

ÍNDICE